高山正也・植松貞夫　監修

現代図書館情報学シリーズ…12

図書館施設論

植松貞夫
［著］

樹村房

監修者の言葉

わが国に近代的な図書館学が紹介されたのは19世紀末頃と考えられるが，図書館学，図書館情報学が本格的に大学で教育・研究されるのは1950年に成立した図書館法による司書養成制度を受けての1951年からであった。それから数えても，既に半世紀以上の歴史を有する。この間，図書館を取り巻く社会，経済，行政，技術等の環境は大きく変化した。それに応じて，図書館法と図書館法施行規則は逐次改定されてきた。その結果，司書養成科目も1950年の図書館法施行規則以来数度にわたって改変を見ている。

それは取りも直さず，わが国の健全な民主主義発展の社会的基盤である図書館において，出版物をはじめ，種々の情報資源へのアクセスを保証する最善のサービスを提供するためには，その時々の環境に合わせて図書館を運営し，指導できる有能な司書の存在が不可欠であるとの認識があるからに他ならない。

2012(平成24)年度から改定・施行される省令科目は，1997年度から2011年度まで実施されてきた科目群を基礎とし，15年間の教育実績をふまえ，その間の図書館環境の変化を勘案し，修正・変更の上，改めたものである。この間に，インターネット利用の日常生活への浸透，電子メールやツイッター，ブログ等の普及，情報流通のグローバル化，電子出版やデジタル化の進展，公的サービス分野での市場化の普及などの変化が社会の各層におよび，結果として図書館活動を取り巻く環境や利用者の読書と情報利用行動等にも大きな構造的な変化をもたらした。この結果，従来からの就職市場の流動化や就業構造の変化等に伴い，司書資格取得者の図書館への就職率が大きく低下したことも率直に認めざるを得ない。

このような変化や時代的要請を受けて，1997年版の省令科目の全面的な見直しが行われた結果，新たな科目構成と単位数による新省令科目が決定され，変化した図書館を取り巻く環境にも十分適応できるように，司書養成の内容が一新されることとなった。そこで，樹村房の「新・図書館学シリーズ」もその改定に合わせ内容を全面的に改編し，それに合わせて，「現代図書館情報学シリーズ」と改称して新発足することとなった。

「図書館学シリーズ」として発足し，今回「現代図書館情報学シリーズ」と改めた本教科書シリーズは，幸いにして，1981(昭和56)年の創刊以来，樹村房の教科書として抜群の好評を博し，実質的にわが国図書館学，図書館情報学の標準的教科書として版を重ねてきた実績をもつ。これもひとえに，本シリーズをご利用いただいた読者各位からのご意見やお励ましと，執筆者各位の熱意の賜物と考えている。

監修にあたって心がけたのは，この「現代図書館情報学シリーズ」で司書資格を得た人たちが図書館で働き続ける限り，その職能観の基礎として準拠しうる図書館情報学観を習得してもらえる内容の教科書を作ろうということであった。すなわち，「図書館学は実学である」との理念のもとに，アカデミズムのもつ概念的内容とプロフェッショナリズムのもつ実証的技術論を融合することであった。そのこと自体がかなり大きな課題となるとも想定されたが極力，大学の学部課程での授業を想定し，その枠内に収まるように，その内容の広がりと深さを調整したつもりである。一方で，できる限り，新たな技術や構想等には配慮し，養成される司書が将来志向的な視野を維持できるよう努力したつもりでもある。これに加えて，有能な司書養成のために，樹村房の教科書シリーズでは各巻が単独著者による一定の思想や見方，考え方に偏重した執筆内容となることを防ぐべく，各巻ともに，複数著者による共同執筆の体制をとることで，特定の思想や価値観に偏重することなく，均衡ある著述内容となることをこのシリーズにおいても踏襲している。

本シリーズにおける我々の目標は決して学術書として新規な理論の展開を図ることではない。司書養成現場における科目担当者と受講者の将来の図書館への理想と情熱が具体化できる教材を目指している。その意味で，本シリーズは単に司書資格取得を目指す学生諸君のみならず，現職の図書館職員の方々や，図書館情報学を大学(院)等で研究する人たちにも役立つ内容をもつことができたと自負している。読者各位からの建設的なご意見やご支援を心からお願い申し上げます。

2011年2月

監 修 者

序　文

本書は2009(平成21)年４月の図書館法施行規則改正によって「図書館に関する科目」として復活した「図書館施設論」において必要とされる内容をほぼ網羅した書である。司書資格取得のための科目群における図書館建築に関する科目は，1996(平成８)年の改正（前回改正）までは「図書館の施設と設備」という名称で選択科目群の中に位置づけられていたが，前回改正で削除された。その理由は，前々回1968(昭和43)年の改正では必修15単位，選択４単位の計19単位であったものが，96年改正で必修18単位，選択２単位の計20単位と，修得すべき選択科目単位数の減少に伴い科目数も減らしたことにある。また，96年改正の必要性を巡る議論がインターネットの急速な普及への対応を端緒とするもので，アナログの代表である施設の影が薄かったことは否めない。図書館の施設と設備の内容は，主に「図書館概論」及び「図書館経営論」の中で取り扱うとされてきた。

一般に図書館の構成要素は「資料，職員，施設」の三つといわれたり，図書館法の第２条定義において「図書館とは……資することを目的とする施設」となっていることを考えると，司書として働くことを目指す人が，図書館の機能の器であり，職員によるサービス活動，住民の利用行動が展開される場である施設のありようについて学ぶ科目が，固有の位置づけで設置されて然るべきと考えていた筆者としては，今般の改定で１単位の選択科目ながら復活したことは大変な前進と評価している。復活に努力された薬袋秀樹主査をはじめとするこれからの図書館の在り方検討協力者会議委員各位と文部科学省の見識に感謝と敬意を表したい。

しかも，科目名称が「図書館施設論」とされたことも喜ばしい。それは，従来の「施設と設備」のうち設備は，いわゆる官庁用語で家具や機器を指すが，本来，図書館では建築と家具が一体不可分の調和のもとに整えられなければならないもので，家具と機器は施設そのものであること，また，建築の世界では，設備とは，電気と給排水，暖冷房にかかる技術分野をいうことから，違和感を覚えていたことによる。

さて，樹村房からは1968年版科目構成に対応した「図書館学シリーズ」第9巻『図書館建築—施設と設備—』を1986(昭和61)年に筆者と木野修造氏との共著で刊行している。本書はこれを約30年ぶりに全面改稿したものである。

内容は，協力者会議の報告書別紙2に記されている「必修の各科目で学んだ内容を発展的に学習し，理解を深める観点から，図書館活動・サービスが展開される場としての図書館施設について，地域計画，建築計画，その構成要素等を解説する」に即している。図書館法第3条に示された9種の図書館奉仕が実施されるには，どのような場が必要であるか，一冊の本が一人の利用者に借り出されるために，どのような家具と空間が必要であるかについて学びとってもらえることを意図した。

しかし，図書館施設について網羅的に扱った類書が乏しいことから，司書資格取得を目指す学生だけに限らず，建設の必要性に直面している図書館長と職員，教育委員会をはじめ行政のさまざまな分野の関係者，そして図書館建築に興味と関心をもつ人々など，幅広い読者を想定して記述している。そのため，やや詳細に過ぎる部分があるかもしれないがご容赦いただきたい。

また本シリーズは，教科書であることから，責任編集者のもと複数の執筆者により偏りのない視点から記述することを原則としているが，本書に限り単著とさせていただいた。それは，建築設計の実務家である木野修造氏による前書の内容を引き継いでいるからであり，建築物には唯一絶対の解というものはないことから，単著であっても問題がないと判断したからである。とはいえ，正確で偏りのない記述となるよう十分注意したつもりである。多くの方々から忌憚のないご意見を賜れれば有り難い。

なお，本書での「公共図書館」はすべて「公立図書館」の意味で用いている。

本書をきっかけに，多くの大学教育の現場で「図書館施設論」が履修科目として開設されることを期待したい。

最後に，シリーズ監修者でありながら，私に起因する理由から予定の刊行時期より大幅に遅れてしまったにもかかわらず，辛抱づよく待ちかつ激励してくださった樹村房社長大塚栄一氏と担当の石村早紀氏に感謝申し上げる。

2014年2月13日

著者　植松　貞夫

図書館施設論
もくじ

1章 図書館機能とその建築

1. 図書館建築とは

(1) 建築の目的と宿命

ヘレニズム期の紀元前25年頃に世界最古の建築理論書『建築書』[1]を著したウイトルーウィウスは，第一書第三章――本書では第一章を第一書と表記し，節にあたるものを章としている――で，「(当時は劇場や浴場など共同で使用する) 公共の建築は，強さと用と美それぞれの理が保たれなければならない。強さは基礎が堅固でありよい材料で建設されている，用の理は使い方に即した場が作られている，美の理は外観や内部が好ましく優雅であるときに保たれる」としている。つまり，十分な強さをもって安全であり，かつ，求められる機能を充たした上で，造形的に芸術性豊かなものであることを建築の要件としたのである。これにならい，古来より人類が建物を建ててきた目的をおおきくとらえれば以下の三つといえよう。

①その中に入ることで，安全と快適を得るため。動物や風雨から身を護り，夏の暑さや冬の寒さから逃れるために建物を建て続けてきたことからも，最も優先されてきた目的である。建築にかかわる安全と快適を得るための技術は19世紀に始まった近代工業社会において著しく発達し，私たちは超高層建築を生み出し，暖房や冷房設備によって外気温にかかわらずほぼ一定の室内温度の中で暮らすことができるようになっている。

②その中で，生活を展開するため。建物は，その中で人間の行為・行動とい

1：ウィトルーウィウス・ポッリオ．ウィトルーウィウス建築書．森田慶一訳註．東海大学出版会，1979，356p.

う具体的な生活行為が展開される場であると同時に，のんびりくつろぐとか，一人きりの空間を味わうといった心理的・精神的生活の場でもある。この両面から成る生活のための道具として建物はつくられる。人間の生活が複雑化するにつれて，さまざまな使い方・使われ方に対応した建物がつくられてきた。学校，病院，図書館などそれぞれ特有の使い方・使われ方に合わせてつくられる建物を「用途建築物」と総称する。用途建築物は，その中で合理的かつ効率的に行動が展開できる「役に立つ建物」であることが求められる。

③建設に関与する人々の思いや考え方を表現するため。建築は，建てられた時から景観の一部になる。建物の姿形や大きさは多くの人に見られ，見た人に印象を与える。宮殿や神殿は，自分たちの王や神の権威を象徴するために大きくかつ壮麗に建設された。図書館にあっても，建設に関与する人々が，その外観はもとより内部の隅々に至るまで，自分の考える図書館らしさを表現しようと努力する。

神社建築であれば他の種類の建物よりも③の目的が重視されるというように，個々の建物ごとに割り当てられる比率には差があるものの，すべての建物は上記三目的のいずれをも充たすことで建設される。

次に，建物が負う宿命を挙げると同じく三つにまとめられる。

①建物はある特定の場所に建設される。建物の姿形は，気候・風土，周辺環境，敷地の形状や地質等の場所の条件に制約される。雨量の多い地方，深い積雪がある地方では相応の対処法が求められる。周辺が住宅地か商店街か，長方形の敷地か正方形かなどなどにより関わる建築法規の内容も異なる。建物の中から見えるであろう景色によっても，窓の大きさは変わってくる。

②建物はある時に建設される。建物の建設は，人間の社会生活や経済活動の一つとして行われる。そして，一つの建物の建設と建設後には非常に多くの人が生活上のかかわりをもつ。したがって，時代の価値観や社会的要請，財政状況などといった人々の生活を取り巻く社会環境状況と無縁ではいられない。また，文化や芸術には○○主義時代と名付けられるような支配的な思潮が広まることが繰り返されてきた。近年，最優先されるべき課題とされる「地球環境への配慮」も，広く提唱されるようになったのは20年程度前からに過ぎない。

③建物はある特定の姿形が与えられて建設される。前項の３目的，２つの宿命条件のもと，個々の建物にはある姿形が与えられる。そして，ひとたび建設されると経費や建築法規上の制約などからも，ある規模以上の変容すなわち増築・改築，模様替えは容易ではない。

（2）図書館建築は図書館活動の器

鉄とガラスの高層建築物を設計したシカゴ派の建築家ルイス・ヘンリー・サリヴァン（1856-1924）が，近代建築では「形態は機能に従う」べきと表現したように，役に立つことを第一とする図書館建築にとって，基本となるのは求められる機能である。機能とは，その建物を場所や箱として展開される働きの総体と言い換えることができる。資料と情報の提供という働きのために，どのようなサービスが提供され，それにつれて職員と利用者はどのように行動するか，資料や情報はどのように管理されるかが機能の要素である。また，図書館の機能は，その存在や活動が地域に及ぼす影響という視点からもとらえねばならない。来館が困難な人へのサービス提供や地域のコミュニティ活動への場の提供などはもとより，高い集客力で周辺の活性化に寄与することも広い意味での機能の一つといえる。こうした建物の内外に及ぶ，社会的機能体としての図書館の活動・働きの器が図書館建築である。機能に従って建築空間はつくられるから，機能のとらえ方によって建築の姿かたちは大きく変わってくる。

この図書館の機能・働きの内容は，社会の発展や人々の生活の変化あるいは新たな情報媒体の登場等々によって，常に変化発展するものである。中身が変れば，器としての図書館建築にも追随することが求められる。しかし，建築物は容易には変容できない。そのため，徐々に図書館の活動や機能に建物が合わない状態が進行する。すなわち「使い勝手の悪い」建物になってしまう。

また，建築という物理的な環境はひとたび造られれば，それを使う人々の意識や行動を誘導する力をもっているが，逆にいえば，そこで展開される活動やサービスを制約し，その変化発展をはばむ面をもっているといえる。

したがって，建築に先立って，新しくつくる図書館がいかなる機能を発揮すべきかを把握しなければならない。機能をとらえる際には歴史的な洞察力も求められる。過去から将来への流れをつかみ，変るものと変らないものを識別した上で，図書館機能，サービスの将来像とそこで展開される人々の利用行動をイメージすることが，長く使い続けられる建物をつくる上で最も大切であるからである。

(3) 図書館ごとに最適解が存在する

建築物がいくつもの工業技術の集合体としてつくられるものの一つでありながら，他の工業製品と違う点は，その個別性にあるといえる。工業製品は量の多少はあれ同じものが繰り返し生産されるが，建築は一品注文生産である。

まず，建築は土地に固定される。すなわち生産場所が異なる。その土地の条件，周辺の人的，建築的環境によってそのたたずまいは決定的に左右される。建設時期，規模，工期，経費が異なる。何よりも使う人が異なることで使い方が異なる。したがって，図書館の間取り（平面形）や階構成にはその図書館ごとに最適解が存在するはずであり，これを求めて検討を重ねていくのが建設のプロセスである。成功した図書館の建築がそのまま別の場所でも最適解ということはあり得ない。図書館の活動には地域性が反映され，活動の器としての建物の性格が形作られるからである。また，小規模図書館に求められる機能の中身は大規模図書館のそれの縮小形ではなく独自のものである。したがって，基本的な機能は同じでもそこからの比重の置き方は当然異なり，室・スペースの構成や平面形に反映される。

(4) 図書館は本の場所，個人利用の施設

図書館が提供する資料は本だけに限られない。利用者の求める資料の質・量は多岐にわたり，かつ常に変化するものであるから，図書館資料の範囲には限定がないともいえる。また，図書館サービスの内容も生活に密着した情報の提供など多様な展開が図られている。したがって「図書館は本の場所である」というと現代図書館の機能をいささか狭くとらえているとの批判もあろうが，図書館資料の主役が本であることは不変で，図書館の空間のイメージとして「本の場所」と把握して間違いはなかろう。図書館の建築では，利用者が本を手に

取る，読むがもっとも優先されるべきである。

本は個人で利用する。すなわち，図書館は個人利用の場である。グループ室でない限り，４人掛け６人掛けの閲覧机もそれぞれ個人の利用者が使用していると考えるべきである。図書館は日常的な活動においてもあるいはその空間的なたたずまいにおいても，利用者一人一人に個人として接する努力をはらわなければならない。図書館の建築的目標の一つは，明るく開放的で，平らな床の広い空間に並べられた書架の間を多くの人々が自由に歩き回ることができる，が同時に，利用者が本と自分だけの世界を獲得できる空間の達成である。この面で，図書館は学校や公民館などの団体使用型の公共施設と根本的に異なっている。

図書館は皆の共有財産である本を，個人的に，しかし共同して利用する場である。個人の書斎と図書館とは，同じ本の場所であってもこの点で本質的に異なっている。例えば，内面的で個人的な場所にふさわしいからといって書架で囲まれた小規模な空間や机部分だけを照明された閲覧室は，共同利用を阻害する原因となりがちで，多くの利用者のある図書館には好ましいものではない。共同の場であり同時に個人の場である空間の創出が，追求すべき課題である。

2．構築物としての建築

（1）構造体と空間

建築物は，基本的には構造体と空間とから成るととらえることができる。柱，壁，床などの構造体（躯体（くたい）ともいう）と，それらに囲まれた空間である。建築の設計にあたって図面に表現されるのは構造体の部分であり，工事で組み立てられるのも構造体である。しかし，造ろうとする目的のものは空間である。空間は構造体なしにはあり得ないし，構造体があればそこに必ず空間が存在する。人々の生活は空間を場として展開される。

空間の高さ，仕上げ，色，音や光の状態など空間の性状が，人間の心理状態や行動を左右する力をもつことは，各種の実験によって明らかにされている。

明るく開放的な空間は人々を招き入れ，人を軽快な気分にさせ，行動を活発化させる。逆に，やや暗く落ち着いた空間では，人々の精神集中を容易にさせ，長時間の読書を可能にさせる。

空間は，建築の内部空間だけに限られない。建築物をつくることによって，その屋外空間や複数の建築物で構成されている都市空間に変化を加えることになるという視点も忘れてはならない。

一方，構造体の側には，構造物としての合理性と整合性をもっていなければならないという制約がある。建築物自身の荷重や地震に耐えられるだけの柱の太さや壁の厚さが要求される。柱は原則として各階同じ位置になければならないし，柱と柱の間隔も材料と技術，費用との兼ね合いで合理的な範囲の値が決定される。

このような空間と構造体という二つの要素の論理の調和をはかることは設計者の大きな課題である。

計画・設計の検討過程ではいわゆる間取りや家具配置を表現した平面図に議論が集中しがちである。生活における人の動きは主として平面的な移動であるということにもよるが，平面図というものが全体を表現し比較的分り易いからでもある。しかし，平面図にのみ頼ることには危険がある。図書館のように利用者の心理的な面が重視される建築空間にあっては，平面図からではとらえにくい空間性状が重要な検討事項であるからである。図面の限界を踏まえ，これに模型や完成予想図などを加え，常に総合的な空間としての検討を進めていかねばならない。

(2) 構造形式

建築物を支えている構造体は，その建築物自体の自重，積載荷重（在館する人や家具，そして本など），積雪荷重，風圧力，地震力などを受けとめて伝達し，建築物を安全に保つ。

構造方式としては木造，組積(そせき)造（煉瓦造，石造，コンクリートブロック造等）もあるが，不燃性・耐震性に優れ自由な内部空間をつくり得ることなどから，今日では一定規模以上の建築物にあっては鉄筋コンクリート構造，鉄骨構造，鉄骨鉄筋コンクリート構造が用いられる。

鉄筋コンクリート構造は英語の Reinforced-Concrete（補強されたコンクリート）の頭文字から RC 造と略される。酸化カルシウムやケイ素などを焼成してつくられたセメントに，砂・砂利・水を加えて固めたものがコンクリートである。コンクリートは上から押しつぶすような圧縮力には強いが，両端を固定して中央部を押し下げた場合のような引っ張り力には弱く折れてしまう。引っ張り力に対抗する鉄筋でコンクリートを補強したのが鉄筋コンクリート構造で，自由な造形が可能であり，防音性，保温性にも優れることから広く普及している。また，コンクリート特有の肌合いを活かした打ち放し仕上げも好まれている。鉄筋コンクリート構造は自重が重くなるから，ある一定以上の階数や体育館のように柱のない大空間を要する建築には適さない。柱と柱の間隔（柱間（はしらま）：スパンともいう）としては５～7m の範囲が経済的寸法と見なされている。

鉄骨構造（正確には鋼構造，S 造）は鉄鋼（steel）を骨組みとする構造で，鉄筋コンクリートに較べ軽いため広いスパンを採用でき柱の本数を減らすことができる。工場生産の部材を組み立てることから工期が短く，倉庫から超高層ビルまで現在最も多数の建築に採用されている。鉄鋼は熱と水に弱いことから，耐火被覆と防錆の措置をする必要がある。

鉄骨鉄筋コンクリート構造（SRC 造）は，鉄鋼の骨組みを鉄筋コンクリートでくるむ構造方式である。鉄筋コンクリート構造と鉄骨構造の長所を兼ね備えているが，その分経費も割高である。鉄筋コンクリート構造に較べ，柱など構造体の寸法を小さくできること，スパンや階数の制約が大幅に緩和されるため主に高層建築物に用いられる。

図書館では，図書館単独の施設であれば階数を高く積むことは考えられず，特別な大空間を必要とすることでもないので，鉄筋コンクリート構造が多い。５階建て以上の施設であれば鉄骨構造となろう。

なお，その質感から多くの人に好まれる木造は，他構造に較べ大空間を得にくい，火災に弱い，高湿では腐食しやすく耐久性が低くなりがちであることなどが欠点とされてきた。しかし，近年の構造用集成材，難燃内装材さらには鉄骨とのハイブリッド架構法など新しい技術開発によって木造の可能性が広がってきている。図書館では，2003年開館の加須市立童謡のふる里おおとね図書館（ノイエ）など延べ床面積が1,500㎡を超える規模でも採用例がでてきている。

３．図書館建築のこれまで

（１）勉強部屋図書館の時期（1950年代）

第二次世界大戦後，日本は連合軍総司令部の軍事占領下に置かれ，主にアメリカの指導のもとにさまざまな社会制度改革が行われた。その目的の一つは民主主義の普及であり図書館はその手段とされた。図書館に関する政策立案と指導を担当したのは民間情報教育局（Civil Information and Educational Section：CIE）である。CIE は東京の本部ビル内に，1945（昭和20）年11月，英語の書籍やパンフレットなどを開架式で提供する図書館を設け無料で一般大衆に開放した（翌46年３月に日比谷に移転して本格的なサービスを開始）。アメリカは情報提供の媒体として図書館を重要視していたので，第２次世界大戦中から海外に図書館を設置し，アメリカを代表する各分野の図書を選定した基本コレクションを送り出してきていた。占領下の日本にもその流れの一環として図書館が作られたのである。1947年８月には，他の人口中心地にもこの図書館の支所をできるだけ速やかに設立することが提案され，以降1950年までに人口20万人以上の22都市に23（東京都内は２館）の CIE 図書館（インフォメーション・センター）が設置された。設置に際しては CIE から各自治体に，事前に想定された建物における平面図が提示された上で，備品や消耗品，職員の数と能力などについての詳細な指示がなされたという[2]。まさにアメリカ型図書館サービスの「見本の場所」として設置されたことがわかる。

一方で，同じく CIE の指導のもと図書館にかかる法整備が進められ，公共図書館は図書館法（1950年）によって法的な裏付けが与えられた。同法の第２

２：函館市中央図書館．“通説編第４巻第６編１章６節3-1 CIE 図書館の成立とその活動”．『函館市史』デジタル版．http://www.city.hakodate.hokkaido.jp/soumu/hensan/hakodateshishi/shishi_index.htm,（参照　2013-11-02）．

条において，「「図書館」とは，図書，記録その他必要な資料を収集し，整理し，保存して，一般公衆の利用に供し，その教養，調査研究，レクリエーション等に資することを目的とする施設（以下略）」という定義が示された。続く第3条では「職員が図書館資料について十分な知識を持ち，その利用のための相談に応ずるようにすること」など，具体的なサービスの在り方が9項目で例示された。そして翌1951（昭和26）年から，地方自治体が図書館施設を整備する際，本体工事費の一部を国が補助する公立社会教育施設整備費補助事業が始められた。しかし，当時の日本のほとんどすべての地方自治体と図書館界はこれらソフトとハード両面の新政策を直ちに受け入れられる状況になかった。施設は戦争による被害を免れたものであり，専門的な職員はおらず，蔵書冊数も少ない上にそれらは保存を重視した閉架式で提供されたため，閲覧や貸出には手続を要するなど，法でいう「資料を利用に供するサービス」を利用者が享受するにはほど遠い状況であった[3]。1953年10月に実施された杉並区立杉並図書館等5図書館での来館者調査では，延べ4,681人の来館者中，高校生と受験生を主とする「学生」が73％を占め，一般成人は18％であり，主婦の利用はほぼ皆無であった。学生の在館時間は平均3時間から4時間で「勉強の場」を目的に来館していることが確認された[4]。すなわちこの時期の図書館は，学生に自習の場を提供する「学生の勉強部屋」であった。静かな閲覧室が第一に求められ，新築されるにしても公園の中などが適地とされた。

このような時期にあって，日本図書館協会施設委員会が図書館法にうたわれた理念に基づく図書館を目指して設計したのが，八戸市立図書館（1960年開館，現存せず）である（1－1図参照）。開架式書架，専任者のいるレファレンスデスク，館外貸出，集会活動そして館外奉仕など図書館法第3条で挙げられたサービスが施設内容として盛り込まれた。また，入口での履き替えの廃止により入りやすい館内などを目指した最新の図書館である。しかし，ⓘ「一般閲覧」と称して6人掛けの閲覧机を24脚も並べて学生に勉強の場を提供していること，ⓘⓘ児童はうるさいので入口も別の専用室を設ける，など当時の状況を色濃く反

3：東京では多くの図書館が破壊され，都立図書館では蔵書約44万冊が焼失した。
4：佐藤仁．図書館施設の建築計画に関する研究．東京大学，1966，p.34-39.

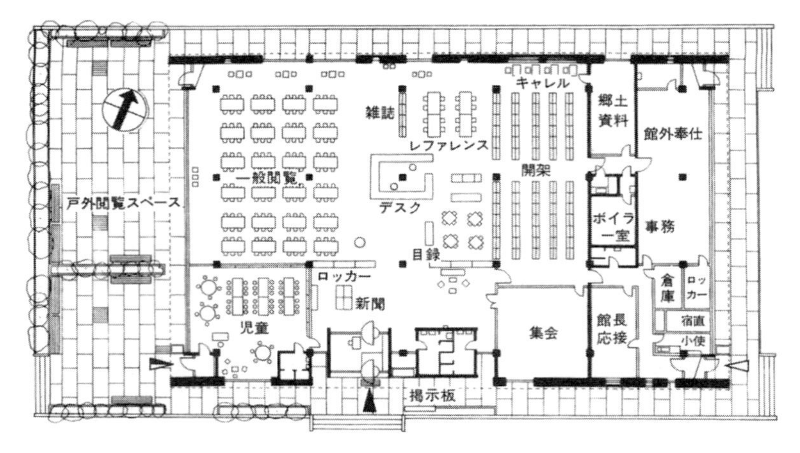

1－1図　（旧）八戸市立図書館平面図
1960年開館　設計：日本図書館協会施設委員会
（日本建築学会編『建築設計資料集成4』丸善，1965，p.152より）

映したものではある。

（2）貸出サービスの発展期（1960年代，70年代）

1960（昭和35）年になって国民所得倍増計画が示されるなど，日本は高度経済成長期に入った。こうした状況下，1963年に日本図書館協会は『中小都市における公共図書館の運営（略称：中小レポート）』という図書館振興策を提案した。その内容は「あらゆる人々やグループに対し，効果的に資料を提供するとともに，住民の資料要求を増大させることが，公共図書館の本質的な機能」とし，その理念のもとに図書館奉仕，資料整理，管理，施設，相互協力について図書館運営のあるべき姿を展開して，学生の勉強部屋から資料提供サービスを行う図書館へと転換させようと提起したものであった。この提案を具体化したのが，東京の日野市立図書館である。1965年から移動図書館車が市内を巡回して個人貸出を開始し，66年に高幡図書館が開設してから72年までに市内各地に6分館を設置，73年に中央図書館（設計：鬼頭梓）の開館と，分館先行の施設整備にあわせ資料提供サービスを充実させた。

全国各地で，先進的な取り組みを始めた図書館が活性化した。先行館の実践経験などを検証して，日本図書館協会は1968（昭和43）年に報告書で，図書館法で示された図書館像の具現化するための当面の最重点事項として，ⓘ市民の求める図書を気軽に貸し出す，ⓘⓘ徹底して児童にサービスする，ⓘⓘⓘ市内全域にサービス網をはりめぐらすの３点を示した。図書館協会による働きかけ，自治体財政の改善，専門教育を受けた図書館員の増加，住民による活発な利用という先行例の実績などを追い風として，1970年代には全国各地で公共図書館設立に向けた運動・気運が高まり，東京都に代表される都道府県独自の振興策の効果もあって，1960～70年代にかけては，全国的に貸出型の図書館数が増加したことで利用登録者数も急激に増加し，1967年には922万冊であった貸出冊数が77年には8,423万冊（９倍強）となるなど，日本の公共図書館の発展期となった。

日野市立図書館が典型例を示した貸出サービス中心型の図書館建築は，入りやすい印象を与える外観，館内は明るく見通しのよい構成とする。成人開架と児童開架は市民がもっとも利用しやすい位置に連続的に置き，中でも児童開架の方を入口近くにする。貸出サービス主体のため机をもつ閲覧座席はごく少数しか配置しない。レファレンス部門は参考図書と郷土資料をまとめ奥まった静かなところに置く。利用部門を少ない職員でサービスできるようにメインカウンターは入口近くで要となる位置とし，その背後に事務室など間接サービス部門を配置する。学生のための自習室は設けないなど，「借りて帰って家で読んでもらう図書館」である。

日野と並んで早い時期から資料提供サービス重視に転換した町田市立町田図書館で1971年に実施された来館者調査では，利用者の中心となる層は「主婦とその子ども」であり，来館者の平均在館時間は20分であった[5]。このような利用実態から貸出型図書館の建設地には，なによりも行きやすく分かりやすいことが優先され，駅前や住宅地の中などが選択された。

（3）ニーズとサービスの多様化の時期（1980年代）

1970年代における経済の拡大に伴う豊かな地域財政の恩恵を受け，80年は，

5：新建築学大系編集委員会編．新建築学大系30．彰国社，1983，p.73.

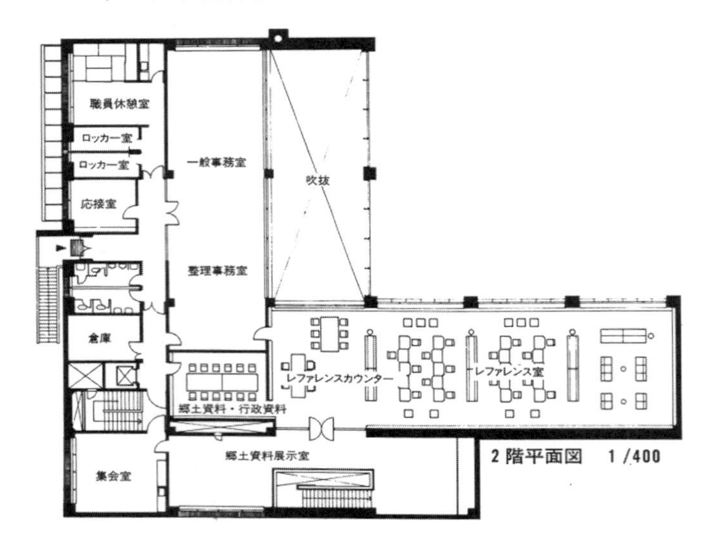

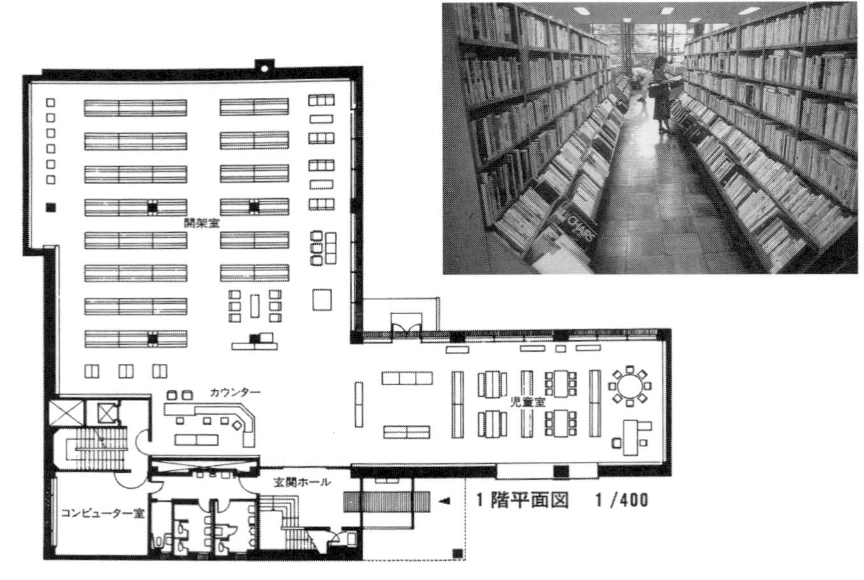

1-2図　日野市立中央図書館平面図

1973年開館　設計：鬼頭梓建築設計事務所。１階と２階　他に地下階がある

なお，１階のコンピュータ室は，当初「貸出事務室」として設置された。

（平面図は　図書館計画施設研究所編著『図書館建築22選』東海大学出版会，1995，p.14より）

より多くの図書館を，より規模の大きな図書館を，より多様で高度な図書館サービスをという利用者の声に応える形で，高機能化した大規模図書館と地域密着型の中小規模図書館とによるネットワーク運営へと発展した時期である。

大規模化・高機能化を促した要因としては以下の3点が挙げられる。第一に，図書以外のメディアの導入である。雑誌の発行種数が増加しビデオやカセットテープが家庭に普及した。これらは図書館資料として大きな比重を占めるようになり，ビデオを観賞できるブース席は週末には長時間の待ちが発生するほどであった。第二に，自家用車の普及である。移動範囲が拡大したことから，遠くても好みの大規模図書館を志向する層が生れた。週末に自家用車で訪れ長い時間を館内で過ごす家族である。第三に，コンピュータを用いた業務システムが本格的に導入され，子どもでも簡単に使用できるOPACの設置や，貸出・返却処理の迅速化が実現したことにより，開架冊数規模の拡大が進められた。

日本図書館協会編集の各年の統計書である『日本の図書館』によれば，1970（昭和45）年の公共図書館数は881館であったが，80年には1,320館，90年には1,928館（2017（平成29）年では3,273館）に達している。館数の増加とともに，貸出冊数も70年の1,982万冊が，80年は1億3,000万冊そして90年には2億6,000万冊と，20年間に2.2倍の館数増に対し貸出冊数は13倍に増えた。80年代から90年代初期までは図書館の拡充期ということができる。図書館施設では，住民の身近にあって貸出を目的に利用される小規模図書館と，自家用車での遠方からの来館者も引き付ける大規模図書館とに役割分担が進み，大規模館では，視聴用の観賞ブースや飲食のできるカフェを設けるなど，図書館の居住性に配慮し，利用者が快適に長い時間在館できるような工夫が行われるようになった。典型例として1987年開館の朝霞市立図書館を示す。

また，住民の公共施設要求の多様化などから，一つの建物の中に複数の公共施設などが同居する複合施設型図書館が増加し，中には，町田市立中央図書館のようにホテルなど民間施設と同居する館も表れた。

また，1986年に文部省（当時）の臨時教育審議会が「教育改革の第二次答申」において生涯学習体系への移行を発表し，1990年には「生涯学習の振興のための施策の推進体制等の整備に関する法律」が交付されるなど，社会全体で

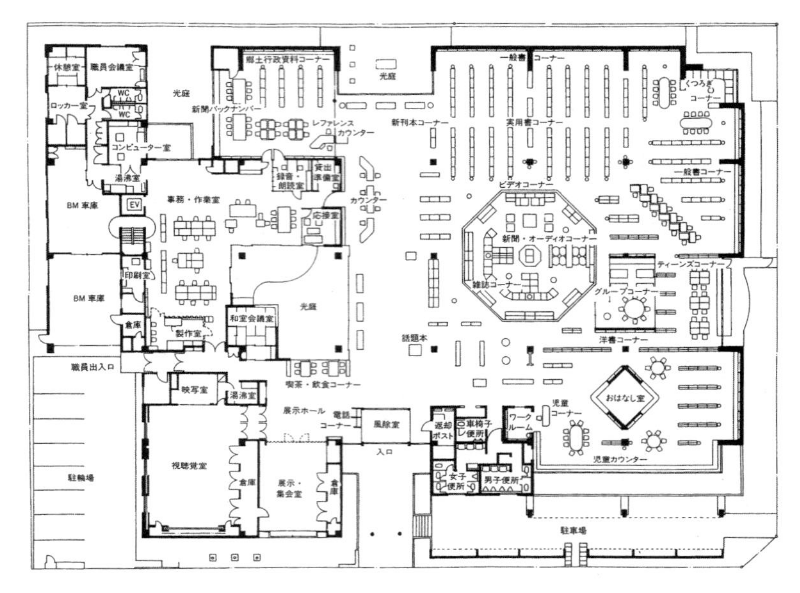

1-3図　朝霞市立図書館平面図

1987年開館　設計：和設計事務所

（図書館計画施設研究所編著『図書館建築22選』東海大学出版会，1995，p.55より）

の生涯学習に対する関心が高まった。国や自治体の施策では，公共図書館は地域における生涯学習にとって「最も基本的で重要な施設」と位置付けられ，講座や講習会の開催など運営面と，研究個室やグループ研究室の設置など施設面での充実が要請された。

（4）ICT 活用サービスの進展期（1990年代半ば以降）

1990年代になって，図書館サービスでは，インターネットを介したオンラインサービスが発展するなど，情報通信技術（ICT）の活用は欠かせないものとなった。例えば，蔵書検索のための書誌情報をインターネット経由で公開することは一般化し，来館前に蔵書検索をするなど，利用者の利用行動の変化を導いている。館内でインターネットが利用できるパソコンの提供は，試行的なサービスから標準的なものへと普及し，利用者が使い慣れた自身のパソコンを館内で利用できるようにすることも進められた。2007年開館のアムステルダム公共図書館では，館内くまなく高速無線LANを配するとともに総座席数1,000席のうち600席に館が提供するインターネット接続パソコンを設置している。

かつては紙媒体に限定されていた図書や雑誌・新聞が，デジタルメディアとしてDVDなどのパッケージ系のコンテンツとして，あるいはインターネットで配信されるコンテンツ（eブック，電子雑誌など）として出版・流通するようになった。機関や個人がインターネット上に提供・公開している龐大（ぼうだい）な数のネットワーク情報資源は，国立国会図書館も収集保存の対象とするなど，今日，その一部は公共図書館においても欠かせない情報源となっている。そのため公共図書館にあっても，各種の電子図書館・デジタル図書館機能が利用可能になりつつある。現在は，伝統的な印刷物を基盤とする図書館と電子図書館とが併存するハイブリッド・ライブラリーへの移行期にあるといえよう。

4．電子図書館，ハイブリッド・ライブラリー

電子図書館とは，デジタル・コンテンツのみを提供する，いわば将来の図書館を指す概念である。デジタル・コンテンツは，図書館が独自に最初からデジタル形式で作成したもの，所蔵・蓄積してきた書籍や雑誌など紙媒体の図書館資料をデジタルデータに変換したもの，そして，電子ジャーナルのようにデジタル・コンテンツを販売する組織からアクセス権を購入するなどしたものから構成される。これらを，インターネットを介してオンラインで提供する。現在でも，相当量のデジタル・コンテンツをこの方法で提供している図書館はあり，当該のサービス部分を「電子図書館サービス」ということもある。

ペーパーレスでデジタル・コンテンツのみを電子的に提供するだけであるから，利用者が来館して利用する場所としての物理的な建物は不要であり，自治体という単位で電子図書館が成立している必要はないともいえるが，すべての人に公平に提供するためには，現在の公共図書館と同様に，パソコンのようにデジタル・コンテンツを閲覧できる装置とその利用環境を提供すること，的確に選択したり利用する能力をもたない人を支援する人的サービスを提供するこ

と，そして地域に特有の課題に即したデジタル・コンテンツを制作したり選択購入するとともに，それを維持管理する場所と職員が必要となることから，税金のような公的資金を投入できる，コミュニティを基盤として設置される組織と建物とが必要であると考えられる。

ハイブリッド・ライブラリーとは伝統的図書館から電子図書館への移行過程にある図書館で，現在ないし近未来の図書館である。しかし，図書館にはこれまでに蓄積されてきた厖大な量の印刷資料があり，これらがすべてデジタル化されるとは考えられない。また，紙というメディアあるいは書籍が今後とも愛用され続けていくであろうことから，この移行段階は過渡的なものではなく，将来にわたって維持されるものということができる。すなわち，紙媒体の印刷資料に大きな比重を置きつづける図書館とSTM（科学・工学・医学）分野の大学図書館のように実質的な電子図書館に移行した図書館との間に，さまざまな比率のハイブリッド・ライブラリーが存在するのが将来の図書館像といえよう。

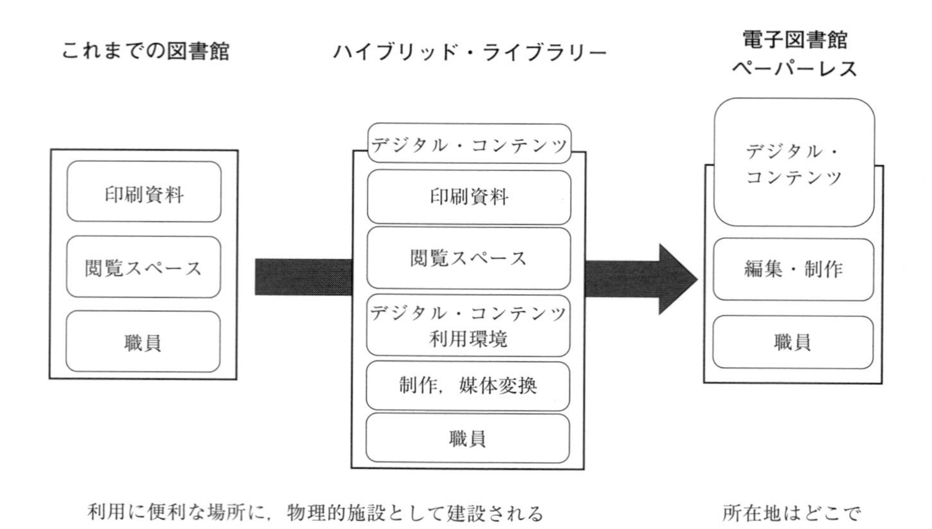

1-4図 ハイブリッド・ライブラリー

したがって，現在とこれからのすべての図書館がハイブリッド・ライブラリーであるといえるが，目的に応じて適切な２形態のコンテンツにアクセスできる，すなわち図書で得た知識をデジタル・コンテンツで確認できる，デジタル・コンテンツから得た情報を図書でさらに深められるといった，両形態のコンテンツをスムースに併用できる環境を創り出すことが図書館建築の課題である。

5．複合施設の図書館

図書館が単独で建物すべてを使用している形態を単独館ないし単独施設といい，図書館と他の用途施設が一つの建築物を共同で使用している形態を複合館や複合施設という。

公共施設用地の取得難，行政サービスの合理化，住民要求の多様化などを背景に，複合館化は1980年代に急速に進行した。それ以前から小規模館や分館は複合館として設置されることが多かったが，80年代には本館（中心館）でも複合館となる事例が増加した。1981年から90年までの10年間に新たに建設された本館での複合館率は約40％であったが，90年代の10年間で逆転して複合館の方が約60％を占めるに至った。同時に，90年代には複合相手施設の数と種類が増加した。複数種の複合相手と同居する形態が増加し，かつ相手が公共施設だけではなく商業施設や共同住宅などに多様化した。複合館の増加と複合相手の多様化は，2000年以降も定着した傾向となっている。

複合施設により期待される効果には，「ついで利用」や図書館の存在が知られやすくなることで利用増につながる，他施設との連携により今までにはなかったサービスが提供できる，職員間での相互理解が深まる，各施設職員の相互融通ができて職員が少人数ですむ，土地・施設の維持管理費の節減が図れるなどが挙げられている。

一方で複合館の問題点としては，ⅰ管理運営体制の問題，ⅱ複合相手の問題，ⅲ建物内での位置など建築上の問題が挙げられる。

a．管理運営体制の問題

複合施設内の図書館が，本館の館長を中心とした組織体制のもとにありながら，複合施設を統括する管理系統下にも属する，つまり二重に位置付けられることに起因する問題発生の可能性である。休館日，開館時間の設定等で調整を要するなど管理運営でのトラブルが発生しがちであり，それが専用部分と共用部分の区分や入口の設け方など建築計画にも波及する。

b．複合相手の問題

図書館にとって合性のよい施設とそうでない施設がある。一般論として相性のよい相手は，図書館がそうであることから，住民票交付等の行政サービス窓口，博物館，マーケット，駅など個人利用主体の施設である。組合わせ相手として実例の多い公民館は，使用時間を予約した団体利用が主である。この利用形態の大きく異なる二つの施設を一体化してもお互いの相乗効果は期待できず，住民にとってもさほど便利とはいえない。また，楽器演奏など騒音や調理など臭気が発生して閲覧環境に悪影響を与える可能性の高い施設も敬遠すべきである。さらに，小中学校など安全確保のために一般人の立ち入りを厳しく制限している施設と図書館との複合には，明確な動線の分離，利用範囲の区画などが求められるから，複合のメリットの実現は困難である。

c．位置と建築上の問題

複合施設の中間階に図書館が置かれ，館内を他施設への利用動線が貫通することがもっとも好ましくない。その意味で，1階など単独の入口を設けられる階ないし適切な垂直動線を得た上で最上部を占めることが望ましい。

建築上の利点と難点としては，まず利点は，ⓘ見た目に大きな施設となり図書館の存在が多くの人に知られやすい。ⓘⓘ広い共用空間など単独施設ではもち得ない魅力ある空間を創り出せる。ⓘⓘⓘ空調機械室など図書館として使用できない部分が単独施設の場合よりも小さい比率ですむ，である。次に難点としては以下の3点である。ⓘ室・スペースの間取りから柱間隔や天井高などまで空間構成，建築設計の自由度が制約される。ⓘⓘ増築や改築，大幅な模様替えなど後々の建築上の改変が難しい。ⓘⓘⓘ組合わせ相手によっては，建築法規による規制が増える。

d．複合施設の型

複合施設の型別に長所・短所をみれば以下のようにまとめられる（1-5図）。

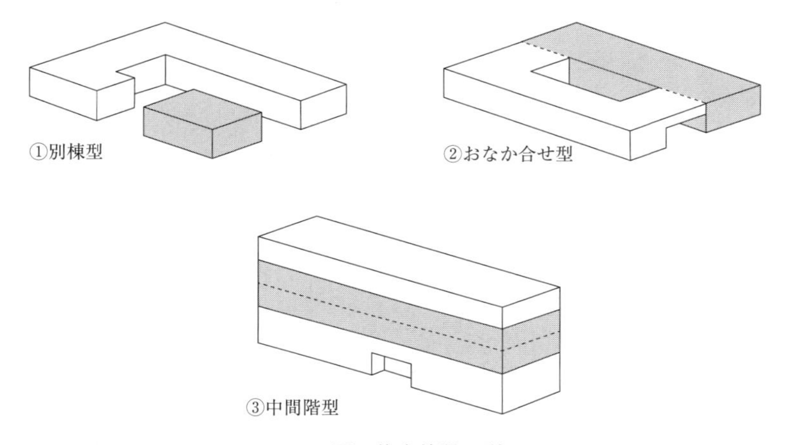

1-5図 複合施設の型
①別棟型 ②おなか合せ型 ③中間階型
（植松貞夫，木野修造『図書館建築：施設と設備』樹村房，1986，p.81，82より）

①別棟型……独立施設とほとんど差がなく建築的な問題は少ない。このように一群の建築物として一体的に計画された場合を併設施設と呼ぶ。

②おなか合わせ型……複数の機能施設が中庭や屋根の架かるプロムナード状の通路区間を共有して向かい合っているもの。積極的に相乗効果を狙っているもので最近増加している形式である。山口市立中央図書館（山口情報芸術センター）や岡崎市立中央図書館（岡崎市図書館交流プラザ，りぶら）など。

③中間階型……中高層の複合施設の中間階に納まるもので，複合館のあらゆる悩みが顕在化してくる。千代田区立千代田図書館など。

6．既存施設の転用

これまでわが国では，図書館そのものの数が不足しており，既存の他用途建築物も変容への対応力に欠けるものが多かったため，図書館設置，施設更新というと建物を新規に建設することをイメージしがちであったが，一般論としていえば，建築需要が既存施設の転用によって充たされるケースもあり得る。良好な建築ストックが豊富に存在し，建築需要が安定的なヨーロッパにおいては，施設要求は必ずしも新築には向かわず，新築するかそれとも既存施設を取得してこれを改造し利用するかは選択的であり，この選択行為が事業計画検討上の一つの要素となっている。世界的な環境負荷削減に向けた取り組みが促進されている現在，既存施設の転用も選択肢とする考え方への転換が求められているともいえる。

わが国で転用例が少ない理由は，ⓘ急速な都市化への対応に追われ，公共財としての建築を，長期的な視野やコスト計算の下に建設し持続的に維持する思想が育ってこなかった。ⓘⓘ近代建築は機能（使い方）に忠実に作ることを旨としているため，機能の大幅な変容や用途変更が起こると寿命が尽きる，人間の諸活動の変化が急速な時代にあっては，建築は短命を免れえないとする考え方が一般的であった，ことが指摘できる。これらから，建物は使い捨て，スクラップアンドビルドの考え方が支配的で，税法による法定耐用年数は鉄筋コンクリート造の建物でも最長50年と短く設定されている。また，転用を阻む大きな理由となっているのはⓘⓘⓘ大きな災害の経験をもとにたびたび変更される建築法規が，既存施設の改修・転用にきわめて高いコストを強いることである。これについて補足すると，建築物は，建設時の建築関連法規の求める基準を充たすことを最低限の成立要件としている。法規はさまざまな理由から改定されるが，災害時の反省に基づく改定は通常，基準値・規制の強化の方向で実施されるから，既に使用されている建物（既存建築物）は新基準を充たしていない建物となってしまうことが多い。これらは既存不適格建築物と総称される。既存不適格建築物であってもそのままの状態で使い続けることは法律違反ではなく，改修等の義務は発生しない。しかし，用途変更や大幅な増・改築等を行う時点で，既存のすべての部分を現行基準に合わせる改修が求められる。さらに不特定多数利用施設である図書館への転用には多くの場合，高いレベルの安全基準を充たすための改修工事が必要となる。これらに大きな費用と時間を要することが，他用途施設から図書館への用途変更を妨げている大きな原因となっている。

しかしながら，近年，テナントが撤退した商業施設（鳥取市立中央図書館，都城市立図書館など），閉校となった学校校舎（潮来市立図書館など），町村合併で余剰となった庁舎（各地で）などの転用事例が増加してきている。これらには，自治体財政が逼迫している中で，既存改修の方が新築よりは経費が少なくてすむことが動機となっているものもあるが，一方で，図書館の高い集客力によって地域の再活性化を図るために，相応の改修経費を投じているものも多い。

転用の候補となる既存施設は，十分な経費をかけて建設された耐久性のある建築物であり，きちんと維持管理されてきた建物であることが前提条件となるが，個々に専門的な建築診断と，種々の制約の中で改造計画・設計，補修工事を要するから，安易な判断は慎むべきである。日本図書館協会施設委員会では，既存施設の転用判断には，ⓘ改修経費及び要する期間，ⓘⓘ建築の主要構造体の老朽度，ⓘⓘⓘ広い部屋がとれるかなど図書館としての使い勝手，ⓘⓥ面積，ⓥ立地，そしてⓥⓘ保存再利用に値する文化・歴史性を有しているかなどを，総合的に勘案することを提案している[6]。

既存施設から図書館へ転用する場合に共通する留意点は以下である。

a．建設年次

転用候補施設が1981（昭和56）年６月の新耐震設計法適用以前の建物であるか否かにより改修のプロセスは異なる。以降すなわち新耐震設計法に基づく建物であれば，転用・改修について計画し，設計を経て工事に至る過程をたどる。

それよりも古い建物である場合には，既存部分について耐震診断にもとづく耐震補強設計と補強工事（３章７節参照）が求められるので，それに要する工事量と経費を算出し，実施の妥当性を総合的に判断した上で，増築・改築の内容や方法についての検討を開始することとなる。

1981年以降であっても既存施設は経年劣化が進んでいることもあるので，専門家の診断・計画参加が不可欠である。

b．床の積載荷重

図書館では床面に大きな荷重が常時かかり続けるため，安易な用途変更や模様替えは，床の崩落を招く恐れがあることに注意を要する。これまで大学や企業では，使用しなくなった教室や事務室，研究室を図書館に転用する例が少な

6：日本図書館協会編．図書館建築を考える：既存施設の転用事例を中心に　第28回図書館建築研集会資料．日本図書館協会，2006，p.48.

1-1表 積載荷重

室の種類	床（kg/㎡）＊
事務室	300
教室	230
百貨店または店舗の売場	300
大会議室・大集会室	360
開架書架スペース	500〜800
集密書庫スペース	1,200

＊条文ではニュートン／㎡で表記されているが，質量1kg＝9.8ニュートン換算による近似値を用いた。

くなかった。また，上記のように店舗の売場や学校の教室を転用することが行われている。床の強度は，ある重さを床の一部に集中的にかけた場合でも耐えられる値（積載荷重）で示される。建築基準法施行令第85条では，「建築物の各部の積載荷重は，当該建築物の実況に応じて計算しなければならない，ただし，次の表に掲げる室の床の積載荷重については，右欄の値を用いることができる」として，建設事例の多い室については数値を示している。

図書館の諸室は，例えば開架書架スペースであれば，書架間隔，書架の段数，棚に並ぶ本ごとの重さなどにより異なるので，実況に応じて計算すべきものとされ，表の中では示されていない。これまでの事例などに基づけば，表の下2段のように，開架書架スペースで500〜800kg/㎡から，集密書庫では1.2t/㎡が適当とされている。このことから，転用に際しては，候補とする室の床がどの程度の積載荷重を見込んでつくられているかを確認して，それが書架スペースの必要値以下であれば，その限度内に収まるように低書架を用いるか，書架間隔を大きく配置して床全体にかかる加重を軽減する。または，床の補強など建築的工事が可能かを検討するといったことが必要になる。後者の場合には，床だけにとどまらず柱など全体の構造体の補強が必要になることもある。

また，用途に応じて適切な床強度とすることが建築設計の原則であるから，一つの図書館内であっても，事務室やグループ学習室は「事務室」基準で，開架閲覧室では書架スペースは書架スペース，座席スペースはそれ相応の床強度でというように，それぞれの床が異なる積載荷重値で設計されていることがある。したがって，事務室などを書架の並ぶスペースとして改築・転用するような場合にも床の耐荷重能力には注意しなければならない。

c．十分な改修経費の確保

上記の床強度の問題も含め，転用建物はそれなりに経年劣化しているから，改修には十分な経費を確保しなければならない。「安上がりなので既存施設を転用」は厳に戒めなければならない。

2章　地域計画

図書館の来館者に，住所あるいは来館直前の所在地を尋ね，それを地図上に記録すると，図書館の近くからは多くの人が来館し，距離が遠くなるにつれて減少することがわかる。遠距離からの例外的な人をのぞいて，ほとんどの利用者の分布する範囲をその図書館の利用圏とすれば，それは自治体の広さに較べればはるかに狭い。つまり，図書館を一つだけ設置したとしてもそこから遠い住民は「遠くて」利用できないし，しないから，適切な位置に適切な規模をもつ複数の図書館施設を設置して，どこに住んでいても，いずれかの利用圏に含まれる状態を実現させるのが全域サービス網の整備である。

『図書館の設置及び運営上の望ましい基準』は「第一　総則」の二設置の基本①項において，「市（特別区を含む。以下同じ。）町村は，住民に対して適切な図書館サービスを行うことができるよう，住民の生活圏，図書館の利用圏等を十分に考慮し，市町村立図書館及び分館等の設置に努めるとともに，必要に応じ移動図書館の活用を行うものとする。（中略）当該市町村の全域サービス網の整備に努める」ことを求めている。続けて③項で「設置に当たっては，サービス対象地域の人口分布と人口構成，面積，地形，交通網等を勘案して，適切な位置及び必要な図書館施設の床面積，蔵書収蔵能力，職員数等を確保するよう努めるものとする」と具体化の際に考慮すべき点を示している。

全域サービス網の計画を地域計画という。市町村の全域に，いくつの図書館を，どこに，どのような規模で，どの順番で整備するかを検討する。

図書館の地域計画については，主に徒歩での来館を前提とする，栗原嘉一郎らの研究により開発された方法が日本図書館協会から示されている[1]。本章では，これに沿って説明する。

1：栗原嘉一郎，篠塚宏三，中村恭三．公共図書館の地域計画．日本図書館協会，1977，107p.

1．図書館システム

（1）構成

一つの市や町に設置された複数の図書館の有機的な連携による図書館サービス網を図書館システムという。この具体的な内容と役割については『公立図書館の任務と目標』[2]に以下のように記述されている。

・一つの自治体が設置する複数の図書館施設は，図書その他の資料の利用または情報入手に関する住民の要求を満たすために有機的に結ばれた組織体でなければならない。このような組織を図書館システムという。図書館システムは，地域図書館（以下「地域館」という）と移動図書館，これらの核となる中央図書館（以下「中央館」という）から成る。自治体は，すべての住民の身近に図書館のサービス・ポイントを配置する。

・住民はだれでも，身近にあるサービス・ポイントを窓口として，必要とする図書その他の資料を利用することができる。

・住民はだれでも，身近なサービス・ポイントを通じて，レファレンス・サービスを受け，生活に必要な情報や文化情報などを得る。

・図書館システムを構成するそれぞれは，独自に活動するのではなく，中央館をかなめとし，統一されたサービス計画のもとに，組織全体として最大の効果をあげるように活動する。

・住民の大多数が地域館または中央館のサービス圏内におさまるように，必要数の図書館を設置しなければならない。その規模は，サービス圏内の人口に応じて定められる。地域館及び中央館のサービス圏内に含まれない地域の住民に対しては，移動図書館の巡回を行う。移動図書館は，図書館のはたらきを住民にとって身近なものとし，図書館システムの形成を促進するために重要な役割をもっている。

・図書館は，地域館と中央館及び地域館相互間の図書館資料の円滑な流れを確保するために，必要な物流体制を整備する。

2：日本図書館協会図書館政策特別委員会．“公立図書館の任務と目標”．日本図書館協会 Web サイト．2004-03，http://www.jla.or.jp/library/gudeline/tabid/236/Default.aspx，（参照 2013-11-15）．

(2) 規模

市域が広大で地域館が数多く必要になる場合や政令指定都市では，一つの中央館と多数の地域館とで図書館システムを構成することは，組織運営とサービス提供の両面で効率的とはいえない。また他の行政サービスなど，市民の日常の生活行動とも整合しないことが増える。したがって，中央館と地域館との間に一定範囲内の地域館を統括する地区中心館を複数設置する構成が適当である。逆に市域が狭かったり人口が少ない場合には，蔵書数や職員数の点で，十分な機能と魅力とを備えた図書館システムの実現が困難なことになりがちである。この場合には，複数市町村で1システムを構成することも考えられる。

2．計画の手順

計画の手順は大きく，以下のように分けられる。

①地域館の位置を決定する配置計画

②地域館ごとの蔵書冊数や床面積の概略を算定する規模計画

③全体を総合的に評価し，建設順位などを決定する実施計画

(1) 配置計画

配置計画を進めるには，地域館を一つ設置すればどのくらいの範囲をその利用圏としておおうことができるかを設定する必要がある。

a．地域館の利用圏

一般にあるサービス施設の利用圏域を考えた場合，その施設の魅力（例えば，商品の価格や品数）が高ければ高いほど広範囲から利用者を集める。すなわち利用圏が広い。逆にあまり魅力のない施設はごく近くの人しか利用しない。しかし，地域館のように各図書館の機能・サービスの内容が均質になるように設定する場合には，その魅力度は各館同じになる。魅力度が同じ複数の施設が分布している状況では，利用者は最短距離にある施設を利用するはずで，利用圏はすべて等しい広がりとなる。したがって，地域館の利用圏は全館同じとして

以下の計画を進める。

b．標準的利用圏モデル

ある地域の住民が図書館に行く割合，すなわちある地区の人口に対する，来館者の比率を来館者密度（＝来館者数÷地区人口）と呼ぶ。先に記したように，来館者密度は図書館近傍地区で高く距離が遠くなるにつれて低くなる。図書館のすぐ近傍地区のこの値を1.0としたときの，距離段階ごとに区分した各地区のそれとの相対的な比率を来館者密度比（＝当該地区の来館者密度÷図書館のすぐ近傍地区の来館者密度）という。この来館者密度比は，いわばある距離範囲の住民の図書館への行きやすさ（＝来館者になる可能性）の度合いを示す係数といえる。調査をもとに図書館を中心に等密度比曲線を描いたものが2－1図である。これを標準的利用圏モデルと呼ぶ。

c．利用圏の特徴

図でみてとれるように，図書館から距離が離れるにつれて来館者密度比は急速に下っていき，もっとも近いところでは1 km 程度で0.1にまで下る。また，

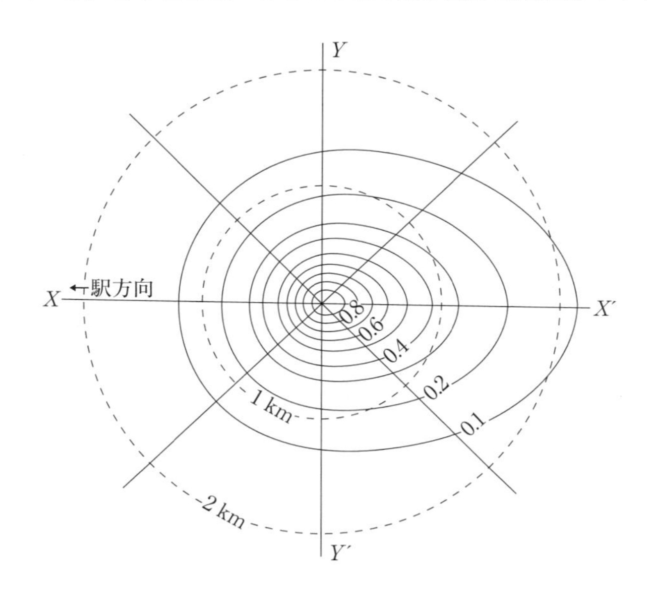

2－1図　図書館を中心とした等密度比曲線

（栗原嘉一郎，篠塚宏三，中村恭三『公共図書館の地域計画』日本図書館協会，1977，p.27より）

その下り方は同心円的ではなく，図書館から住民が日頃通勤，通学，買い物などで通いなれている駅などの生活中心方向側では距離に応じて急速に減少するのに対し，反対方向ではゆるやかに下っていて，全体として日常生活動線を主軸とした卵形の曲線となる。

このことは，住民の日常の生活動線に沿って，その途中に図書館がある場合には比較的遠くからでも利用者があるが，日常の生活動線と反対方向にある場合には，距離的に近くてもなかなか図書館を利用しないことを物語っている。

d．来館者密度比の保障

「すべての住民の身近に図書館のサービス・ポイントを配置する」といっても，むやみに多くの地域館を設置することはできない。そこで，上記の「来館者密度比＝図書館への行きやすさ」の概念を用い，計画地域内をあるレベル以上の行きやすさでカバーするという考え方をする。例えば，来館者密度比0.1保障ということは，等密度比曲線0.1の卵形で計画地域全体がおおわれるように図書館を配置する。これは，市域のどこに住んでいても，図書館のすぐ近くの人の行きやすさに比して10%以上の利用可能性を保障するということ，逆にいえば10：1の格差までは公平とみなすことを意味する。

来館者密度比の保障値を高くすれば，一つひとつの利用圏は狭くなり，必要な図書館数は増えることになる。

e．立地選択

図書館の配置にあたって個々の位置を決める際には，利用圏の重なりが少なく効率的に全域をカバーすること，住民の多い地域の近くに図書館が配置されることを要件に，いくつかの配置案を作成して検討することが必要である。

（2）規模計画

次にそれぞれの館の蔵書数や床面積など規模の設定へと進む。規模計画は，奉仕対象人口に対して目標とする貸出冊数の設定を行い，それに見合う蔵書数，職員数，最後にそれらを収容する床面積の順で算定する。

a．奉仕対象人口の算定

各図書館ごとに隣接館との受持ち境界を便宜的に想定した上で，受持ち範囲

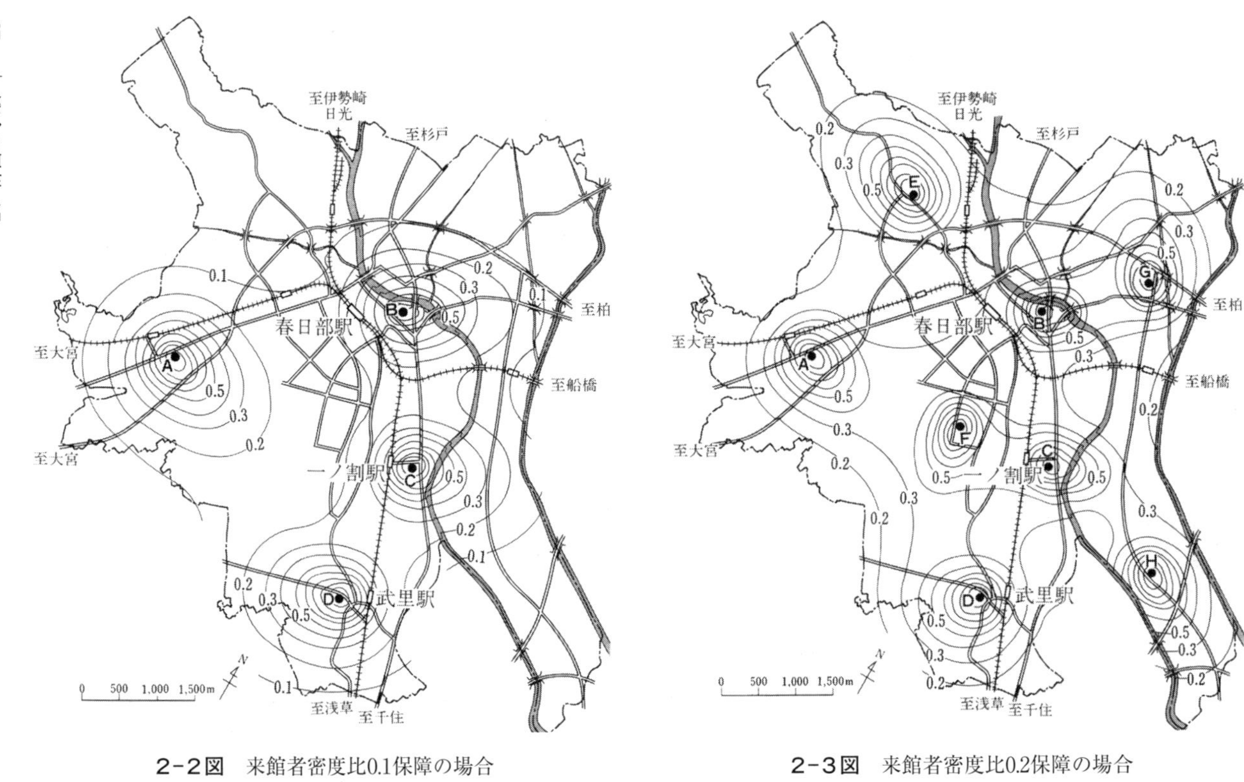

2-2図　来館者密度比0.1保障の場合

（栗原嘉一郎編著「図書館の施設と設備」『現代図書館学講座13』東京書籍，1988，p.41より）

2-3図　来館者密度比0.2保障の場合

（栗原嘉一郎編著「図書館の施設と設備」『現代図書館学講座13』東京書籍，1988，p.42より）

内の人口を数えて算出する。以下，奉仕対象人口をPとする。

b．目標貸出冊数の設定

地域館の貸出冊数は奉仕対象の住民がどのくらい本を読み，そのうち，どのくらいを図書館から借りて読むかにかかっている。『図書館年鑑2013』によれば，2011年度の実績で，市区立の図書館設置810自治体の114,430千人の奉仕対象人口に対し，合計2,560館から延べ645,871千点が個人貸出されている。人口１人あたりでは5.6点である。同じく図書館をもつ932の町村の人口8,353千人に対し，594の図書館から延べ50,405千点が貸し出されていて，人口１人あたりでは6.0点である。また，同じ年度で東京都の23区での人口１人あたりの貸出冊数は平均9.04冊である。

このような値から，市町村ごとに住民１人あたりの目標貸出冊数を決めこれに奉仕対象人口を乗ずる。

なお，住民の読書冊数に占める図書館の本の割合を図書館受持率と呼び，図書館の浸透度が高い地域ほど高くなることから，図書館サービスの住民への効果を測定する指標ともいえる。

仮に，住民１人あたりの目標貸出冊数を9.0とすれば，年間の総貸出冊数は9.0Pとなる。

c．蔵書数の算定

多くの実績から貸出を主体とする地域館の蔵書回転数（＝年間貸出冊数÷蔵書数）はほぼ４回である。したがって，必要蔵書数は9.0P ÷ 4 ＝2.25Pと算定できる。

d．職員数の算定

職員数の算定には定まった方式はないが，業務量に応じた職員という考え方をして，業務量を代表する値として年間貸出冊数をあてる。過去の実績や米国図書館協会の推奨値等からみて，貸出冊数２～３万冊に職員１人程度とみるのが妥当と考えられる。

e．床面積の算定

算定された蔵書数に対し，まず１㎡あたり100～120冊として開架書架部分の面積を算定し，次いでこの開架書架スペースが図書館全体の中で占める割合を例えば50％と見做せば，当該地域館の床面積が算出できる。

ただし，ここで算出される値はあくまでも貸出機能を主体とする地域館で，かつ図書館単独の建物とした場合の値であって，集会室をもたせたり，他の施設との複合建築物として建てられる場合には，必要面積を増やしたり，共用部分を減らしたりといった調整が必要である。

（3）実施計画

実施計画においては図書館システムの運営の観点から個々の地域館の規模や設置形態を見直し，建設順序等を検討する。

a．サービス・ポイントの設置形態

地域館の奉仕形態としては，常設の建物で通常の開館時間で運営する形態，常設の建物ながら日時を限定して開館する形態，移動図書館により一定の間隔をおいて巡回サービスする形態の三様があり得る。第二，第三の形態はいずれも，散発的に発生する需要をできるだけ集中させてサービス効率を上げようというものである。個々の館の奉仕形態として，そのいずれが適するかを判定していかなくてはならない。その判定基準は規模である。前節でみたように，受けもつ人口が少ない図書館の目標貸出冊数は小さい値となり，蔵書数も職員数も少なく算定される。これらの値があまりに少ない場合には第一の奉仕形態での運営は事実上困難であると考えられる。貸出冊数を介して蔵書数と職員数とは連動しているから，職員数だけでみると，第一の奉仕形態をとるためには最低でも３名の職員が必要である。この値を下回るような場合には，常時開館をやめ，午後だけの開館とか，週に２～３回だけの開館というような第二の形態で運営することが考えられる。こうした奉仕形態を分室と呼ぶ。さらに，職員数が１名未満と算定される場合には，分室としての運営も困難であるから，この範囲は移動図書館によるサービス地域とする。

b．建設順序

住民にとっては，図書館の建設は早ければ早いほどよいが，複数の図書館を同時期に建設することはできない。常識的に考えれば，必要度をその根拠として，計画時点で受けもつ人口がもっとも多い館や，住民の要望の強い地域の館

から，望ましい用地の取得ができ次第，順を追って整備・建設を進めるということになろう。また，すべての図書館が建つまでは，先行して建った館が未設置地区からの利用もある程度引き受けると考えて，計画地域を大きくブロック分けするなどして，地域的偏りのないように建設順位を決めることも必要であろう。その場合には，できるだけ交通の便のよい場所に位置する館を優先することになる。

c．計画目標達成の段階設定

地域計画を進めるなかで，図書館サービスの水準を来館者密度比の保障値と，住民１人あたりの貸出冊数という二つの指標で設定した。来館者密度比保障値を高くすれば，図書館の数が増え，住民の図書館までの距離の格差は縮まり，よりサービス密度が濃くなる。目標貸出冊数を多く設定することは，蔵書数などが増えることにつながり，これまたサービス密度が濃いということになる。

しかし，すぐに高い水準の図書館サービスを実現することはむずかしい。したがって，現実的には，まず，現在居住している住民への一定水準の図書館サービスを早急に確保し，次いでその質を高めていくと同時に新たな市街地の拡大や人口増加に対応していくという段階的な整備目標の設定が必要になる。

上記のような考え方に立った場合，各段階で規模決定の基準値とする奉仕対象人口，貸出冊数に応じて，各地域館の規模が異なって算定されてくることになる。しかし，そのつど増築することは不可能であるから，具体的に建設に着手する時には，施設規模をいかに設定するかが重要な検討課題になる。算定された最大値と最小値との間で，当初利用に即した効率的施設運用を図り，初期投資を過大にせずに，今後の需要増に対してもある程度の許容力を持たせるという，バランスのとれた規模設定が必要である。

(4) 移動図書館の計画

地域館を複数配置しても，市街化調整区域などでは人口増加が政策的に押えられるために，将来にわたっても地域館ないし分室としての運営が困難で，移動図書館でのサービス範囲とせざるを得ない地域が残る。また，先に述べた段階的整備により，整備途上では既設館のサービス範囲に含まれない地域住民に対して，過渡的措置として移動図書館でのサービスが必要になる。

a．移動図書館ステーションの配置計画

調査結果によれば，移動図書館の利用範囲はステーションを中心に半径250m程度とされている。いずれの地域館の受けもち範囲にも含まれない地域で，住民が住んでいるところはすべて移動図書館の利用圏でおおわれるようステーションの位置を決定する。

b．サービス密度の設定と規模算定

1ステーションあたりの滞在時間およびステーション間の移動に要する時間をもとに1日の巡回ステーション数を設定する。そして，移動図書館が週に6日稼働，1日に4個所のステーションを巡回し，各ステーションには2週間に1度巡回するとすれば，1台あたりの可能受持ステーション数は48個所となる。この場合には，必要ステーション数を48で割れば，必要台数が算定できる。

（5）中央館の計画

中央館は，地域館の資料の一括受け入れや総合調整など図書館システム全体を統轄するセンター機能，地域全体に対する参考・調査図書館としての機能，そして周辺住民に対する地域館としての機能を併せ持つ。

a．中央館の位置

中央館の位置の要件は以下の通りである。

①システム運営により，身近な館から中央館の資料が借り受けられるとしても，中央館にしかない資料・サービスを求めて直接来館する人は少なくない。したがって，公共交通機関での来館に便利であり，わかりやすい位置であること。

②上記と同様の理由から，駐車スペースが確保できる広い敷地の得られる場所であること。

③地域館への巡回連絡車，移動図書館車の運行に便利なよう，地域館分布の中心的な位置で，幹線道路へのアクセスが近いなど交通の便のよい場所であること。

④とくに保存図書館機能を中心に増え続ける資料に対して，増築の可能性も

含めて，余裕を持たせた規模の設定が可能である敷地の広さがあること。

⑤近隣の住民の日常生活の中心的位置にあること。

配置計画のなかで，このような条件に適した位置の一館を中央館の候補としてあてておくのがよい。

b．中央館の規模

中央館の規模は地域館の規模計画とは別個のものとして考える。備えるべき機能から，それに必要な室・スペースをリストアップし，それぞれの収容冊数・人数などを決め，必要面積の積み上げによって求める。

c．中央館の建設時期

中央館を全域サービス網整備のいつの時点で建てるべきかは重要なポイントである。中央館が最初に建設され，それがバックアップする形で次々と地域館の建設が進められるというのが望ましいが，中央館にエネルギーと費用とをかけ過ぎ，肝心の地域館の整備が進まなくなってしまう例もみられる。中央館が本来の機能を十分に発揮できるのは，地域館がある程度以上そろってからであるから，それまでの間は比較的規模の大きな地域館が中央館としての役割を受持ち，図書館システムの改良などを行ってから中央館の建設計画に着手するという方が得策であるともいえる。

3．地域計画の再考

（1）自家用車依存と利用館選択

ここまでみてきた公共図書館の地域計画の手法は，ⓘ地域館の標準的利用圏はせいぜい半径1km 程度とする徒歩圏，ⓘⓘ利用者は貸出目的のためにはもっとも近くの地域館を利用し，専門的資料やレファレンスが必要であれば距離のある本館を利用するという使い分け行動をする，ことを前提として組み立てられている。それは，この手法が考案された1970年代には，人々の移動手段は徒歩ないし自転車が中心であり行動範囲が限定されていたからでもある。

しかし，2－1表に示す総理府が2009（平成21）年7月に実施した「歩いて暮らせるまちづくりに関する世論調査」結果にみるように，東京都区部では自家用車を持っていても徒歩圏内の施設に「主に自家用車」で移動している人は8.8%に過ぎないが，小都市や町村では50%を超えている。つまり，地方では歩いていける距離でも半数以上の人は自家用車で移動している。自転車で行ける距離でもほぼ同様の結果である。このことは，政令指定都市を除く市町村でいかに自家用車依存が進んでいるかを示している。

自家用車利用の日常化によって，人々の日常行動での移動距離が拡大したことから，距離に関係なく利用する図書館を選択することができるようになった。河村芳行らの，札幌市の北側郊外部に位置する北区と手稲区の住民への主に利用する図書館と移動手段に関する調査では，遠方にある大規模館（札幌市立中央図書館または隣接する石狩市の中央図書館）を利用するか，あるいは最寄りの中小規模館を利用館とするかの選択には，ⓘ性・年齢・職業等利用者の属性，図書館の利用目的，利用頻度に関係しないこと，つまり利用目的による図書館の使い分けはみられない，ⓘⓘ移動手段では，５分程度の距離の中小規模館でも車で行く人があること，大規模館を利用している人は自家用車で平均17分（実測で12km 程度）で到着していること，ⓘⓘⓘこれまで交通弱者とされてきた児童や高齢者あるいは車の運転ができない人でも，家族同伴という利用形態で遠方の大規模館を利用していること，また，ⓘⓥ高齢者は高い比率で自分の運転で図書館を訪れていることなどを明らかにしている[3]。

このように大多数の自治体においては，主に週末に，家族そろって車で大規模図書館を利用することが常態化し，自分専用の車がある人々は，平日でもその利用習慣から遠方の大規模館を利用し続けているというのが一般的な利用行動であるといえる。

3：河村芳行，歳森敦，植松貞夫．広域利用可能地域における図書館利用登録者の類型別利用館選択行動：石狩市民図書館登録者調査をもとに［含図書館の広域利用に関する調査票］．日本図書館情報学会誌．2008, vol.54, no.1, p.16-38.
河村芳行，歳森敦，植松貞夫．広域利用可能地域における世帯レベルの図書館利用行動：札幌市住民調査をもとに．日本図書館情報学会誌．2010, vol.56, no.2, p.65-82.

2-1表 徒歩圏・自転車圏における自家用車利用の状況（単位%）

		東京都区部	政令指定都市	中都市	小都市	町村
徒歩圏（歩いていける距離）	主に徒歩・自転車	91.2	70.4	54.9	46.2	47.1
	主に自家用車	8.8	29.1	43.8	52.4	51.4
自転車圏（自転車で行ける距離）	主に徒歩・自転車	88.5	62	52.9	45.9	49.7
	主に自家用車	9.8	27.7	39.9	46.1	42.7

注：1．中都市と小都市の区分は人口10万人以上と以下。
2．「あなたは，徒歩で行ける範囲内の移動の際に，どのように移動をしていますか」および「あなたは，自転車で行ける範囲内の移動の際に，どのように移動をしていますか」という質問に対する，自家用車をもっている人（後者は自転車も持っている人）の回答率（%）。主に自家用車には「自家用車のみ」を含む。

（内閣府「歩いて暮らせるまちづくりに関する世論調査」2007年７月調査より）

（2）新たな方向

およそ徒歩圏ごとに小規模な地域館を複数設置して，貸出を中心とする市民の日常的な利用に供し，それらを蔵書量や職員数の大きな中央館が補完するという，施設までの距離と規模，サービス内容を階層的に構成する計画手法は，徒歩による移動が主である時代には，人々の行動形態と合致したものであり合理的であった。現在でも，東京都区部や大都市中心部のように，徒歩や自転車での移動で日常的な生活需要が十分に充足される地域にあれば，そのまま適用可能であるといえる。しかし，それ以外の多くの地域では好むと好まざるとに関わらず車での移動を前提条件とした生活になっている。

日本図書館協会は2006（平成18）年10月の『豊かな文字・活字文化の享受と環境整備：図書館からの政策提言』において，「５万冊以上の蔵書と専任職員３人以上の分館をほぼ２km 圏ごとに設置する」ことを提唱しているが，厳しい財政状況下ではこれを実現できる自治体は少ないといわざるを得ないとともに，モータリゼーションの発達や利用者のニーズの多様化に伴う大規模館志向への変化と合わせて考えれば，この提言は非現実的といえる。

中心となる大規模館は，地方都市に立地する大型商業施設がそうであるように，広い駐車場が確保できる郊外地に魅力ある規模・内容で設置することも選択肢になり得る。そのような中心館があれば，地域館は住宅密集地などだけに限定して配置してもほとんどの住民にとって不都合は生じないであろうと考えられる。

また，既にある密度で複数館を設置している都市では，それぞれの図書館を資料種別やサービスで特色化し，住民が目的に応じて使い分けできるようにすることも適当であろう。

3章　図書館の建設

1．図書館建設のプロセス

（1）図書館の建設に関与する人々

建物を建てることが決意されてから完成に至るまでの過程をたどれば，建てようと決意した人がどのような建物とするかイメージをまとめ，設計者に依頼して設計させ，工事業者に依頼して建設させるのが通例といえる。図書館の建設の場合も基本的に大きな差はない。また，図書館の建設の関与する人々を建築界での常識的な分類に従って大きく分ければ，施主，設計者，施工者，利用者，近隣ということになる。

a．施主

建築主あるいは工事発注者を建築業界では伝統的にこう呼ぶ習慣が残っている。個人が戸建て住宅を建設する場合には，建設しようと決意した者で，設計者に設計を，工事業者に建設工事を依頼した者であり，資金の負担者であって完成後に住人となる，特定の個人である。しかし，公立図書館の建設の場合の施主は，建築主，発注者など建設の過程ごとに，職務執行者としての役職名や組織名であったり，不特定多数の住民であったりと特定できないことが特徴である。市であるならば，名目上の設計発注者，工事発注者は○○市長という役職ないし○○市や建設部などの組織であろう。施主を資金負担者とみれば，図書館は主に市民からの税金で建設されるから，施主は市民全体といえるといった具合である。さらに，完成後の使用者とみた場合には，施主は図書館であり（将来在住する人も含めた）不特定多数の市民である。

b．設計者

建築主の依頼に応じて設計することを業とする者を総称して設計者と呼ぶ。施主の抱いたイメージを解読し，施主との対話を通して設計者としての専門的な知識と感性に基づき建築像を創造し，それを図面にまとめるのが職務である。私たちは「東京の国立近代美術館は，フランス人建築家ル・コルヴィジェの設計である」のように表現するが，法律上の国家資格名称は建築家ではなく建築士である。建築士法や建築基準法により建築士の資格を有していないと，一定規模以上の建物を設計してはならないと規定されている。また，図書館の設計は１人の建築士により行われるものではなく，設計組織あるいは設計チームとして編成された技術者集団で進められる。

c．施工者

建設工事に携わる業者を総称して施工者という。建築界では「せこう」と慣用読みする。施工には非常に多くの専門技術と労働力とが集結される。建設工事は，基礎工事，躯体[1]工事，仕上げ工事，設備工事のように分けられ，綿密に計画された工程に従って，それぞれを専門の技術者集団が分担する。この他，建設工事には窓のサッシュやガラス，天井や床の仕上げ材，照明器具などの工場生産品を施工者に提供する業者が多数関与する。

また，一般には施工者のカテゴリーに含まれないが，書架や机などの家具，表示・サイン，コンピュータや各種の機器などを，図書館ないし施工者に提供する業者も，建設のさまざまな過程で関係する。

d．利用者

建物利用者の利用形態はその人の立場あるいは役割によって大きく異なる。サービスする人とされる人，管理する人と利用する人，図書館内でも館長とそれ以外の職員のように異なる立場や役割の人，そのいずれもが図書館の利用者である。かかわる立場と利用の形態によって，図書館への希望・要求事項が変るから，利用者の立場・役割を丁寧に分類してみることが大切である。

1：柱，壁，床など主要構造部。

e．近隣

新図書館の建物は，地域の景観の中に新たな要素として加わり周辺環境に影響を及ぼす。また，図書館ができれば多くの来館者が発生するから，最寄り駅から図書館までの来館者の往来が商店街の活性化に寄与した例もあれば，自家用車での来館が周辺道路の渋滞を引き起こした例もある。図書館の規模や形態にはこの面からの検討も行い，場合によっては大きく公開の空地をとったり，あえて規模をおさえるなどして，周辺の環境を守りさらにこれを良化させることに貢献するようなものでなければならない。

(2) 建設プロセスの各段階

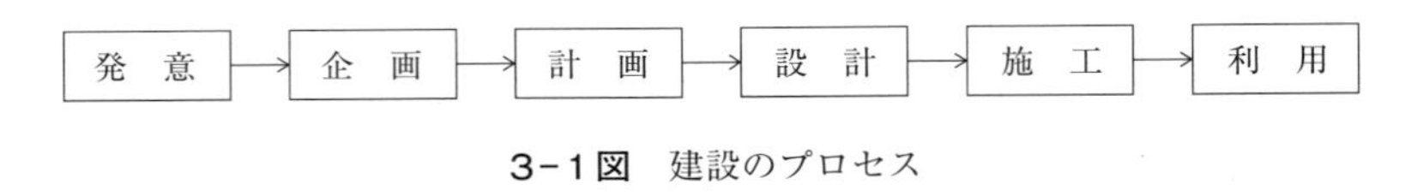

3-1図　建設のプロセス

a．「発意」から始まる

出発は「建設しよう」と決意することである。この時点では確実に開館まで到達する保障はない。この決意を導く力にはさまざまなケースがあり得る。例えば，予め決定されている計画に従い，年次を追って地域館を建設整備している場合には，然るべき年にほぼ自動的に建設の決意がなされるであろう。現在の図書館施設の狭隘化・老朽化が著しいとの訴えが行政内部で認められて建設に向けたプロセスが動き始める例もある。住民の要求が届いてという場合や議会でそれが議論になって建設が決意されることもあれば，市長の選挙公約で開始された例もある。

行政の決定プロセスに従えば，図書館長及び教育委員会からの施設整備要求が，自治体の「総合計画」において施策として掲げられることが具体化に向けた第一歩であり，議会の議決を経て検討委員会が設置されるなどで建設に向けた具体的な検討が開始されることになる。

b．計画という段階

新たな建物の建設が必要と判断されると，建設のプロセスが開始される。建築物をつくることが意図されてから工事完了までの過程は次のようにとらえられてきた。

〈企画〉 → 〈設計〉 → 〈施工〉

おおまかにいえば，〈企画〉とは施主を代表する図書館側が，これから作ろうとする図書館のイメージを確定する段階で，〈設計〉はこれを受けて設計者が建物の形態を確定し図面化する段階，ついでこれを施行者が〈施工〉するというのが，役割分担と流れである。個人住宅の場合には，将来の住み手でもある施主が，自分たちの住宅の望ましい姿や部屋の数と広さ，仕上げの概要，そして予算などを示し，設計者が具体的な建築の姿を提示して合意に達したら，これを工事業者が建設する。しかし一般に，施主の家族はそれぞれが新しい家について思い思いの夢を描いていて，それぞれの夢の住宅像は家族という最小規模の集団の間ですら同一ではないことが多い。さまざまな要求や制約には，“明るく開放的”と“防犯性能”とか，“プライバシー”を求めながら“一家の団らんを”など相矛盾するものが少なくない。また施主の言葉には表現しにくい潜在的な要求も，設計者が積極的に引き出すように努力しないと，満足できる解にいたらない。設計者なりの住宅観や建築観もあり工事費用や法規上の制約もある。こうした要求や制約を一つひとつ整理する過程を経ることによって，最終的に家族全員と設計者とが一つの住宅像を共有することができる。このすべての要求と制約とが整合されたかたちで取りまとめられたものを設計条件と呼ぶ。

しかし今日では，例えばある地域の分館とか学部学生用の図書館という基本的な性格が与えられたとしても，図書館活動の多面化，利用者の多様化とその要求の複雑化，加えて建築を取り巻く自然環境・社会環境条件の輻輳化などから，設計条件にかかわる要素がきわめて多様で，これを一つにまとめあげることは容易ではない。そのため，〈企画〉の後半部である設計条件確定の段階を「計画」と呼ぶ独立した段階と考えることが定着してきた。すなわち企画から設計までのプロセスは次の3-2図のように表される。

公共図書館の場合には，〈企画〉は「基本構想」とか「基本計画」という名称の成果物が策定される段階で，図書館の活動計画に基づき，建設する図書館の性格やサービスの内容，およその規模と建設の費用，開館後の運営の人的構

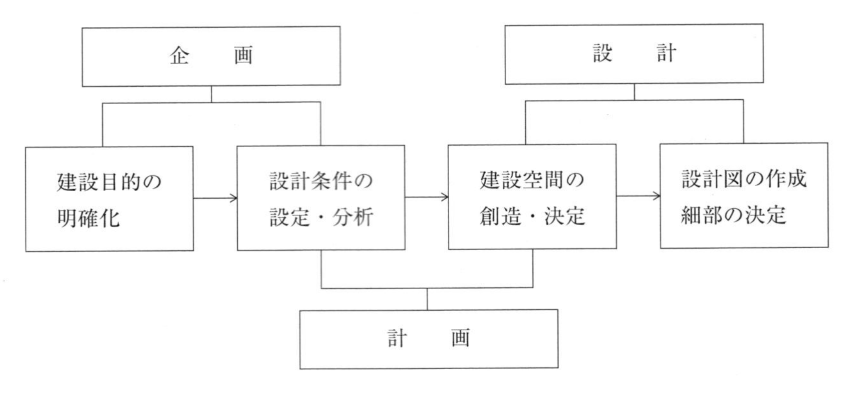

3-2図 企画から計画までのプロセスと課題
（植松貞夫，木野修造『図書館建築：施設と設備』樹村房，1986，p.33より）

成と運営経費など，設計条件の基本骨格について検討する段階である。これに基づき議会や長から，さらに検討をすすめることについて承認を得る。

〈計画〉は企画を受けて，そこに定められた目標の達成に向けて条件を整理し，大筋の方針を定め，建築の具体的な形態のイメージを構想し，さらにその実現手段を検討する。成果物として設計条件を文章化した「建築計画書」がまとめられる。この建築計画書が議会と長の承認を得ると設計者が選定され，設計プロセスへと進行する。

〈設計〉は，建築の全体と詳細な部分についての形態決定を行い，決定された内容を設計図書と仕様書にまとめあげる段階である。もう一つこの段階で重要なことは，工事金額を見積もることである。

設計の段階は，基本設計と実施設計の二つの段階に分けられる。基本設計の段階では，設計条件をもとに施主その他関係者との協議と専門的な検討を重ね，建築の全体と部分の形態を決定し，これを基本設計図書にまとめる。同時に建物の強度にかかわる構造方式および電気や冷暖房などの設備方式についても概略設計を行う。続く実施設計の段階では，基本設計に基づき建築を構成するすべての部分の詳細な形態と，それに使用する材料の決定を行い，さらに構造および設備の詳細な設計をして，施工に必要な情報を実施設計図および仕様書としてまとめる。実施設計が終了した後に施工者が選定され〈施工〉が開始される。建築物が設計図に記載されている通りに造られていることを管理・監視する目的で，設計者には「工事監理（施工者自らが行う工程監理と紛らわしいことから設計監理ということもある）」業務が委嘱されることが通例である。

以上は，建設プロセスをあえて区切ってわかりやすく説明したものであって，実際には単純な累積的過程ではなく，むしろ境界が判然としないことの方が一般的であるとすらいえる。たとえば企画において設定された目標が，計画段階において実現の条件や手段を検討し建物の姿・形をイメージする中で，その一部，ときには基本線までも変えられることが少なくないからである。計画と設計の関係についても似たような状況がある。計画において建築の性格，規模，利用方式，建設時期，予算などを定めるのであるが，これら諸条件は建築形態と密接に結びついているため，その決定を具体的な建築形態のイメージなしに行うことは困難であるからである。したがって計画の段階でも，建築の基本的な形態を構想する設計に近い作業が必要とされるのである。

このように，計画は，その前段階である企画，後段階である設計と分かちがたく結びついており，これらの間のフィードバックの過程が不可欠である。さらに，施工の段階においても，細かな部分の形態を定める設計の作業は行われ続けることが一般的で，設計は工事完了まで持続するという見方もできる。

各段階ごとに前段階に立ち戻り，後段階につなげるというフィードバックのプロセスは大切であるが，早い段階で十分な検討を重ねておけば，後から考え直す時間のロスを防げて効率的であることは確かである。そのためにも，図書館像についての理解と認識の共有化と，図書館長など中心となるメンバーは，建設プロセスの最初から最後まで一貫して関与することが不可欠である。

2. 企画・計画段階

(1) 検討組織

企画と計画の段階は，建設する図書館をどのようなものにするか，職員と利用者がどう使うかを決めていく過程であるから，サービスの手順や本の並べ方など使い方にかかわる「ことをデザインする」のが課題である。

新図書館の建設と開館後の図書館には，さまざまな人々が多様な立場で関係する。そして立場により人により，建設しようとする図書館について異なった考えと要求をもっている。また，建物はひとたび建設されれば長い年月にわたって使い続けられることになるから，今の関係者の考えや要求にだけ合わせれば良いというものではない。長く住民に支持される図書館を建設するためには，関係する立場から広く代表者を集めて検討チームを組織化し，衆知を集め，合意を求めながら検討作業を進める必要がある。公立図書館の場合には，行政内部における然るべき手続を経て設置される委員会形式の検討組織が一般的であり，自治体ごと，検討課題の内容・範囲に応じて委員会の名称，委員の構成は多様である。委員会が有効に機能するためには，ⓘ委員が適正な人数と構成であること，ⓘⓘ十分な時間をかけて検討できること，ⓘⓘⓘ適度な権限を与えられていること，の３要件がすべてみたされていることが必要である。

検討委員会の中心は，これまでの図書館の経緯とこれからの発展方向ならびに利用者の意向を常に把握してきた，既存の図書館の館長と図書館員である。図書館内部に専従のメンバーを設置することが望ましい。図書館の未設置自治体に初めて図書館を設ける場合などには，教育委員会内に事務局を設ける。委員会の構成員を列挙すれば以下のようになる。

a．住民

図書館の利用者の代表として，地位や肩書きにとらわれずに図書館づくりに関心の強い者の中から，年齢層，職業，居住地域，考え方などで広範な背景をもつ複数人が加わるのが良い。住民代表委員に求められるのは，図書館員や行政職員では気がつきにくい利用者の立場からの問題提起であり，積極的・建設的に委員会に関与することである。その点で「図書館への考え方」などの応募書類をもとに選考する公募制は有効といえる。

b．障害者問題や福祉の専門家

利用者の中の少数者であり特別な要求をもつ人達の代表として参加する。

c．学校や類縁・関連施設の関係者

例えば県立図書館や隣接自治体の図書館長，市内の学校教育，社会教育施設の代表者などで，連携や協働の立場からの意見・要求が求められる。その他，例えば，図書館と博物館とが同じ建物に入るなどという場合には，新博物館の検討委員会の主要メンバーに参加してもらい，相互の調整を図ることは必須である。

d．図書館の専門家

委員会のアドバイザーとしての意見を求める。図書館づくりを経験し評価の高い図書館サービスをしている図書館長やその経験者，図書館そのものや社会の情報化の将来動向などについて学識を有する者など。また，サービスと建築の不可分性から図書館建築の専門家ないし図書館建築の設計経験の豊富な建築家の参加は，検討の効率化を促進する。

e．行政の関連部局から

企画，財政，建設などの各部局から職務上の責任を負う者として参加する。企画や財政担当者は，自治体全体の計画との整合がとれ，財政面から無理のないものに検討結果を導く責任がある。また，建設部局の担当者は，建築関連法規上の制約や敷地周辺の環境等についての専門的な知識で，検討内容を適正な方向に導く責任がある。また，建設計画が進む中で設計者や施工者と直接かかわり合いを持つことになるので，図書館の考え，住民の要求，検討の過程での議論について十分な理解を得ておくことが大切である。

全体の人数は，効率的・実質的に審議が重ねられるよう少人数で，かつそれぞれの立場の違いを反映できる程度には幅広くすべきで，ｅの者を除き10名前後の構成が望ましい。

（2）検討組織への住民参加

1995（平成7）年に開館した伊万里市民図書館の建設では，住民による自治体と設計者への働きかけが，利用者本位の計画と設計実現への大きな力として作用したことが報告されている。図書館の建設など，多くの住民に関係するとともに税金の使い方に係わる事柄についての検討や決定に地域住民が参加する取り組みは，1990年代以降になって，自治体条例などによって制度化されるなど，かなりの程度定着してきた。委員としての参加のみならず，委員会の検討過程でのワークショップの開催や，まとめや結果を公表してパブリック・コメント（意見公募手続ともいう）を求めたり，公聴会を実施することもある。

しかし，一部に貴重な実現例があるものの，住民参加の実質化には大きな困難があることも多くの先例が教えてくれている。利用者である住民の合意を得ながら計画を進めることは，必ず，開館後に住民の支持が得られる図書館につながるから，それぞれの図書館ごとにさまざまな試みを重ねることに意味があるといえよう。

■石狩市行政活動への市民参加の推進に関する条例　石狩市の場合，市の機関は，一定の条例・規則等，計画，公の施設の設計，要綱，法人への出資予算案，規制およびその他の行政活動を行う場合に，別に「規則等」で定める市民参加手続の内容・時期に関する考慮事項に沿って，市民参加手続を実施するもの，としている。

（3）委員会の進め方

委員会の目標は，より良い図書館建築を実現させることにある。委員には，いたずらに個人的な考えや特定グループの意向に固執することなく，また予め想定されている方向に無批判に従うことなく，真摯に取り組み，議論を発展，深化させることが求められる。図書館建築の計画立案は，多くの委員にとって初めての経験であることが一般的である。そのため，検討のプロセスや方法，まとめるべき内容等について，図書館づくりを経験した他館の館長や図書館専門家からアドバイスを得るなどして，理解することから始めねばならない。図書館とは何か，現状はどうなっていて，どう発展していくのかについて共通理解をもつことは，議論の効率化に有効である。また，委員会として住民へのアンケート調査の実施，既存図書館で利用者の利用実態の観察，先進事例について資料から学んだり視察を行うなど，委員が図書館の今とこれからの学習に時間をかけることも大切である。

そして，事務局を務める図書館長と図書館員も，委員会の検討原案の作成や検討資料・参考資料の提供にあたっては，現状や経験にとらわれることなく，積極的に望ましい方向を目指す姿勢を維持することが求められる。

3．建築計画書の作成

建築計画書は，計画の検討組織によって策定される。でき上がった建築計画書は，自治体の長や議会の承認を経て，公式文書として公開されるべきである。つまり，建築計画書は，住民と図書館（施主）がどのような図書館建築を望んでいるかを設計者に伝える公式文書である。

（1）構成

アメリカ図書館協会が作成した『公共図書館システムの最低基準』には，建築計画書の内容について以下のように記している[2]。古い資料であるが，現在においてもそのまま通用するといえる。

> 地理的区域内の他の図書館と関連して，特定のコミュニティの要求に合うように，建物の目的，範囲および機能を明記しなければならない。
>
> 建物内で必要とされるスペースやその機能，必要な広さ，お互いの関連性等を詳細に説明する。
>
> 図書，関連資料および座席をおく場所の収容力を明細に記す。
>
> 建物および建物の中の個々の場所の美的特徴を大体決めておく。
>
> 個々の場所の仕上げや設備の様式および性質のおおよそを図に書く。

建築計画書はそれに従って設計が進められるだけの十分な情報量をもたなけ

2：アメリカ図書館協会内公共図書館部会基準委員会および小委員会原案作成，稲川薫訳．公共図書館システムの最低基準．日本図書館協会，1971，p.81.

ればならない。したがって，その内容は，前章で述べた地域計画などの計画図書館に関係する上位計画や周辺地域の特徴等計画の基本事項の記述，敷地や建設の時期，建設費の概算枠などの制約条件についての記述，そして計画図書館の建物が備えるべき性能や階構成，形態のイメージなど要求事項の記述とに分けられる。この他，参考文献や参考とすべき図書館のリストなどの参考資料を加えることもある。

3-1表 建築計画書の目次例

はじめに
第1章 公共図書館の役割と基本的機能
1－1 自治体における公共図書館の役割
1－2 公共図書館の基本的機能
第2章 ○○市の新図書館計画に関連する事項
2－1 ○○市の概要
2－2 既存図書館の概要
2－3 ○○市の図書館計画経緯
第3章 ○○市図書館整備の基本的な考え方
3－1 市民の情報要求に対する人的支援を行う図書館
3－2 子どもたちの想像力を高め，育むための人的支援
3－3 誰でも使える「場所」としての図書館
3－4 活字情報とデジタル情報を有効に活用するハイブリッド図書館
3－5 行政を支援し，仕事に役立つ図書館
3－6 地域の情報センターとしての機能
3－7 情報リテラシーに対する支援
第4章 ○○市図書館サービス網計画
4－1 図書館サービス網の意義
4－2 市民の図書館利用行動の変化
4－3 分館・分室の条件
4－4 図書館サービス網の具体化
4－5 サービス網を支える物流の考え方
第5章 新中央図書館の機能
5－1 図書館サービス網の中核図書館の機能
5－2 多種多様な図書館資料の収集・提供・保存機能
5－3 広範・高度なレファレンスサービスの提供機能
5－4 情報流通の電子化に対応したサービスの提供機能
5－5 利用者のニーズに即したサービスとスペースの提供機能
5－6 行政目的遂行のための資料と情報の提供機能
第6章 新中央図書館のサービス
6－1 基本的なサービス
6－2 利用対象者別のサービス
6－3 資料種別のサービス
6－4 その他のサービス
第7章 資料の収集計画
7－1 資料収集の方針
7－2 資料整備計画
第8章 組織・管理運営計画
8－1 組織と職員構成
8－2 専門的職員に求められる資質
8－3 組織編成
第9章 新中央図書館の建築計画
9－1 計画地の概要
9－2 図書館建築計画の基本方針
9－3 新中央図書館施設の構成
9－4 建物の構成要素・必要諸室
9－5 規模計画
9－6 周辺整備と配置計画
9－7 設備・家具・サイン計画
9－8 技術的な計画
第10章 新図書館建設に向けての準備
10－1 新図書館建設準備室の設置
10－2 開館準備
10－3 設計者の選定
10－4 市民参加による図書館づくり

a．計画の基本事項

ここでは，図書館の基本理念の確認と建築計画書の位置付けの記述から始まり，地域計画等の上位計画の概要，自治体の性格や住民の年齢層別構成など図書館の奉仕対象地域の特徴，図書館の沿革，現状分析，将来への基本方針ならびに図書館整備計画のこれまでの経緯など，建設計画全体に関する基本的情報を記述する。

b．制約事項

敷地の性格や使用できる範囲，法規上の制約など敷地に関して設計上注意しなければならない事項，開館予定時期から設定される設計期間，工事期間，および建設費の限度額などの記述が中心になる。他種の施設との複合施設である場合には，他施設の概要や相互の関係等の情報を記述する。

c．要求事項

計画図書館の建物が備えるべき性能についての記述で，建築計画書の中ではこの部分に最大のスペースが割りあてられる。まず，計画図書館が備えるべき機能をあげ，その機能を発揮するために必要となるサービス，活動の内容，資料の種類・量・範囲，職員の数・配置・機構についての記述，それらの活動の場となる室・スペースの種類と規模，そして室・スペース間の望ましいつながり方などの記述が中心となる。

（2）役割

a．作成過程

- 建てられる図書館について，それぞれの立場からの意見集約によって，委員会のメンバーが，共通の理解と認識とを持つことができる。
- 図書館員が，実現される建物とそこでのサービスを具体的に頭に描くことができる。
- 調査や見学を通じて，図書館の実情や今日の図書館サービスのあり方について，市民委員や図書館部局以外の人に理解を持ってもらえる。

b．作成以後

- 設計者が作業に際して常に用いる手引書。

- 設計過程における図書館など企画・計画者と設計者の協議のベース資料。
- 設計の各作業段階や最終の決定にあたって，図書館員や設計者がそれぞれの内容を確認・評価するときのチェックリスト。
- 新図書館について，館報やパンフレットで住民に広報する際の基礎資料。

4．敷地の選定

公共図書館の積極的利用を促すためには，その位置は決定的要因となる。

公共図書館の位置の大切さは多くの先人の教えるところである。米国図書館協会の『公共図書館システムの最低基準』[3]では，「公共図書館の建物は，サービスを受けるひとびとの大半が，ごく普通に自分たちのやりたいことをしにたびたび行けるような所になければならない。その場所は，多くの歩行者が行きかい，交通の便がよく，自動車を置ける，公共ないし商業的，あるいは，図書館所有の駐車場が便利にあるような所でなければならない。」と，人々の日常生活圏に，そしてにぎわい場所に置くべしとしている。駅前などにぎやかでわかりやすい地の図書館の利用者が多いことは，いくつもの調査結果が示している。

（1）選定の時期

図書館建設の検討のどの時点で敷地を確保するかは，検討作業の進行を左右する。その時期は，敷地を与条件として企画・計画検討を始める場合と，敷地は未定のまま企画・計画作業を進め，計画図書館の規模や内容，拡張の方針などが煮つまってから，それにふさわしい土地を候補の中から選定する場合，そして両者の中間的な形として概略の規模を想定して，計画の検討作業と並行して敷地選定を行う場合の三つのケースがあり得る。

敷地にとらわれずに建設すべき図書館の内容と規模の計画案を作成してから，敷地を探すというのは望ましいといえるが，計画段階での価値判断には敷地や

3：アメリカ図書館協会内公共図書館部会基準委員会および小委員会原案作成，稲川薫訳．公共図書館システムの最低基準．日本図書館協会，1971，p.85.

周辺地域からの条件も相当に影響するので，敷地選定が遅くなると，計画の手戻りはそれだけ多くなることを覚悟しなければならない。

逆に，敷地が与条件としてある場合には，計画検討委員会の最初の仕事はその敷地の評価である。計画図書館にはふさわしくないと判断して候補地の変更を求めるという結論に達することもあろう。

選定の時期として，いつが最適化は，その図書館ごとに異なるともいえるので，企画・計画検討委員会の判断すべき事項である。

（2）チェックリスト

敷地選定にあたっての評価基準となる要素の中から特に重要なものを抽出すれば以下の通りである。これらの条件は新図書館の立地位置にかかわるものと，敷地にかかわるものとに大別される。この両者は基本的には不可分のものであるが，ここでは問題を明確にするため分けて論ずる。

a．立地位置にかかわるもの

❶近づきやすさ　最優先の立地条件である。公共交通機関によるアクセシビリティの高いこと，また大都市の密集居住地区以外の地にあっては，高い比率で普及している自家用車による来館に便利な位置であることが望まれる。

❷利用対象者の集まりやすさ　主要交通網の結節地とか人口密度が高い地区など，利用対象住民が図書館利用のために費やす時間，移動距離の合計が最小となるような場所であることが望ましい。

❸地区の社会環境条件　市の中央図書館であれば，市役所など密接な相互関係がある施設や，相互協力の見込まれる文化施設など既存の類縁施設の位置関係などを考慮する必要がある。また，図書館の周辺が文化・教養地区でなければならないということはないが，工業や歓楽街のイメージの強い地区であることは望ましくない。

❹地区の将来像　候補地区の都市計画における将来像に照らして，図書館の立地がそれにふさわしいか。また，道路網の整備計画，バスなど公共交通手段の将来構想およびその実現見込など当該地区の社会的・物理的環境の将来像を考慮する。

5用地の取得難易度　価格，権利，所有関係などの取得条件。

b．敷地にかかわるもの

6位置のわかりやすさ　誰もがよく知っている場所か，わかりやすい，目につきやすい場所か。道路を走行していて，図書館の存在が目に付く位置，歩道などから図書館の内部の様子がみえて，自分も入ってみようかという気を起こさせる位置であれば，これまで図書館に関心が薄かった人を図書館利用者に転換させる力をもつ。

7敷地への利用者の安全性　障害を有する市民，高齢者，幼児を連れた人などが来館するに際して，障害となるような坂や段差がなく，冬季や雨天，夜間であっても安全にかつ容易に来館できる位置でなければならない。

8敷地面積　利用者が使いやすく，職員が働きやすい低層の図書館とするには，十分な敷地面積が確保される必要がある。これに加えて，適正な規模の駐車スペースが確保されることが望ましい。

9敷地形状　同一面積でも不整形の土地に較べて，正方形に近いものは土地の利用効率が高い。傾斜地・平坦地の関係も同様である。角地など周辺道路に対して二面以上に接している土地であれば設計上の自由度が高くなる。大規模建築物になることが予想される場合には，沼地を埋め立てたとかの敷地の来歴，過去の災害履歴など地質の安全性も確認する必要がある。

10敷地の環境条件　周辺の緑地環境，日影，騒音，周辺道路の交通量，大気汚染などの環境条件などについて，館内の快適さ，来館者の安全の観点から評価する。また，図書館が建設されることに伴う周辺の環境変化，特に北側隣地への日影，交通量の増加による影響にも留意する。

11敷地にかかわる法規制　用途地域などの都市計画法及び建築基準法上の建築ボリュームや高さなどの法規制あるいは地区独自の建築協定などの内容。その他，景観法，都市公園法，消防・交通・給排水などさまざまな面からの法規制が関係する。

5．設計段階

（1）設計者とは

『公共図書館の計画とデザイン』の中に「建築家」とは，以下のようなことに責任をもつ者と記述されている[4]。

①建築家は，建築計画書の内容を，図書館の理念に沿って，現実の建物へと移し替える。

②設計の目的は，環境に適合し，近隣の建物と調和し，人を引き付け，入りやすく，居心地の良い建物を創造することにある。

③また，図書館として十分に機能する建物，限られた予算の中で，最も効果的な構造と設備を備えた建物を創造すること。

④建築家は，仕上げ材料の選択，色彩，インテリア，家具・備品その他建物全体に関係をもつ。

⑤建築家は，安全な建物を造らなければならない。建築法規や防災の規定を充たすようにするのはもとより，細部にまでどのようにするかを決める。

⑥施工業者との契約にあたって施主を助け，施工が図面や仕様書に従っているか，工事を監理する。

⑦以上のことに責任をもつための教育と訓練を受けており，まだ世の中に存在しない物をイメージできる創造力を有している。

設計は，企画・計画での「ことのデザイン」を受け「ものをデザイン」する過程である。それは一人の建築家が行うものではなく，多くの専門技術者の分業で進められる。その分業体制は一般に，建築設計，構造設計および設備設計の三部門により構成される。構造設計は，構造体としての建物の強度に係わる領域を担当する。設備設計はさらに電気設備設計と機械設備設計に分かれるが，温湿度・明るさなど望ましい室内環境に係わる領域を担当する。主に技術的な部門を扱う前二者に委嘱した残りが建築設計の担当領域である。建物の外観デザイン，いわゆる間取りである平面計画，各階の構成要素と家具レイアウト，

4：ロルフ・ミラー著，菅原峻訳．公共図書館の計画とデザイン．日本図書館協会，1978，95p.

内・外装材など建物の姿形のありようを担当する，意匠部門とも呼ばれる建築設計部門の中心となる建築家が三者間の調整・統括の責任を担う。この他に，インテリアデザインや造園設計等の専門家，そして設計段階で建築費用の視点から関与する積算担当者が，それぞれ個人または複数人による共同作業体制で加わる。図書館特有の図書館家具の設計，案内・サインのデザインを専門家に委ねることも多い。つまり，自分を中心として編成された設計チームの判断と意見を集約した上で一つの建築空間を提案し，施主との調整にあたるのが代表となる建築家の役割である。

個々の図書館の設計チームの編成方法には，上記すべての部門の技術者を擁する大規模設計組織内で各部門から人選されてという場合と，建築設計の技術者のみが属する設計組織が他領域を専門とする個別の設計組織と共同して編成する場合，および両者の中間形の三様がある。

（2）設計の過程

「もののザデイン」は「ことのザデイン」に基づく建築計画書の把握から始まる。設計者独自で敷地周辺の自然環境，社会環境，景観の把握，法規上の制約等の調査・整理を行うのと同時に文献や実例見学から図書館そのものについての理解に努める。これに相当の時間を要する。

設計は基本設計と実施設計の２段階に分けられる。基本設計では建築計画書の内容を分析し，組み立て，具体的な形の基本を決定する。建築計画書がしっかりしていれば設計者の頭の中に最適解がイメージされるというものではなく，図書館側や計画書策定担当者との度重なる打ち合せとスケッチ・模型の修正とによって，だんだんと設計案の改良が進められていくのが普通である。その過程では，綿密に検討された建築計画書であっても，建築技術，法規，経費などから変更すべきことが生じたり，お互いの議論の中で生まれた新しい考え方に改めるなどということも少なくないことから，基本設計は，設計者と施主の共同作業であるといえる。したがって，両者の協議にかける時間が多ければ多いほど成果物の質が高まることが期待できる。

成果物として，基本設計図書が作成される。その構成は以下である。

①基本設計図……配置図，平面図，立面図，断面図，矩計図の一部など，建築物の形の概要を示す図面。

②設計説明書……設計者のその建築物に対する考え方，構造方式，主要材料，仕上げ表，および設備設計の概要などを示す書類。

③工事費概算書……その段階での工事費の見込み額を算出した書類。

続いて実施設計が開始される。公立図書館の場合には，基本設計と実施設計とは別個に設計業務契約がなされることが一般的であり，連続して同じ設計者（組織）に委嘱されることがほとんどであるが，実施設計を自治体の建設部局が行うとか，別の設計者に委ねられるということもあり得る。

実施設計は，さらに詳細な設計を進めて設計図書をつくる段階である。より細かな点について図書館および計画側との打ち合わせは行われるが，回数は少なくなり，もはや基本に戻るような大幅な変更は許されない。実施設計図面は主に施工者に対する指示・情報伝達を目的に描かれるもので，これによって工事の実施が可能であり，施工者が工事費を算出できるだけの内容をもつ。当然，基本設計図よりも専門的・技術的な内容であり，縮尺率も低い部分的な図面が多くなる。

実施設計完了時に提出される実施設計図書も，基本設計時よりもより専門的・具体的で，実施設計図，設計説明書（工事内訳書，数量調書など），工事費計算書などにより構成される。

（3）図書館長と設計者

a．相互の役割の尊重

図書館長は施主たる住民全体を代表するとともに図書館サービスの専門家として，建築計画書の内容と文書では表現しつくせなかった事柄について設計者に説明し，それに盛り込まれた諸々の要求が，正しく設計に反映されているかをチェックする責任者である。設計者は，建築士法第18条に「設計の内容に関して適切な説明を行うように努めなければならない」と記されているように，各部門の技術者集団を代表して設計案を説明する。図書館長に限らず不慣れな者が，平面図から空間をイメージすることは容易ではないから，模型や完成予想図など補助的な手段を用いる。大切なことは，共通の目標を目指すパートナーとして，両者がお互いの専門と職能としての役割，責任，立場を認め合い，発想を提供しあうことである。

b．判断基準

設計は多数の要求や制約を一つの建築空間として組み立てる作業であるが，要求や制約には，例えば，防犯と避難，遮音と通気，あるいは開放感を求めて窓面積を大きくすれば冷暖房の効率は悪くなるし，紫外線により本が傷む可能性が増すなどというように，相互に矛盾するものが多く含まれる。したがって，設計の過程では設計条件・制約に何らかの重みづけ即ち価値判断をしていくことが必要になる。例えば，図書館サービスの立場に立てば，サービスを行いやすいことが優先されるのは当然である（機能性を重視）。一方，設計者の関心は造形的で美しいデザインを創ること（造形性重視），技術的な合理性に強い関心をもつ（技術性の重視）場合がある。最優先の制約事項といえる予算であっても，造形性の高さが認められて，予算の増額が承認された例もある。このように，数多くの設計条件・制約事項の中で何を優先し，何を下位におくかの判断基準は多分に相対的であるが故に，設計者・図書館長それぞれの価値観や建築観，図書館への理解を反映したものであって，人によりまた時代によっても異なるものである。このことが，同じ建築計画書を与えられても，設計者が違えば異なった設計が生まれる理由である。

このことから，設計でもっとも重要なポイントは，この判断基準を図書館長と設計者とでできるだけ同じになるよう協議を重ねることであり，しかもそれを独善的なものとしないため，たくさんの可能性を並行的に検討して，次第に一つの成案に達するような過程を経て，多くの人の合意と共感を得られるようなものとしなくてはならないということである。

設計者は実施設計や，施工の段階で色彩，インテリア，家具・備品などの細部の決定を行うから，基本設計の段階で施主側の判断基準を理解しておくことは，良い図書館の完成に欠かせない。

c．館長の地位

現在，わが国の公共図書館の館長は一部を除いて行政に携わる公務員である。

司書資格はおろか図書館での十分な勤務経験を持たない人であることも多い。また，館長には異動や定年があり，任期がくればその職を退いて交代する。企画から開館までは異動せず館長であり続けたとしても，開館後は長くとどまらないことが通例である。このことから，その後数十年間にわたり使い続けられる図書館にとって，たまたまその職責によって館長の立場である人の判断・考えがどこまで取り入れられるべきであるかについては，意見の分かれるところである。

したがって，ここでいう図書館長は個人ではなく，「利用者である市民を含めたすべての施主側の人々の考えを代表するという職務」を担うポジションとしての館長というべきものである。

（4）設計者の選択

良い設計者を選ぶことは，良い図書館建築を得ることにつながる。良い設計者とは，施主との協議に柔軟な姿勢で臨み，時間をかけて施主との判断基準の共有化を図る者である。では，望ましい設計者はどのように選定したら良いのであろうか。

公立図書館の場合には，多くの住民の生活に関係する施設であること，設計料として税金が使用されることから，手続きの透明性が求められる。自治体内に専門家による設計者選考委員会を設け，公正な手続のもとに審査を行い，結果とその理由を公表しなければならない。選考委員会は，建築計画書が目指している建築の設計を委嘱するにふさわしい設計者を特定することが任務であるから，委員には建築計画書の内容と考え方を把握している企画と計画の策定委員会の主要メンバーが参加することは欠かせない条件である。

選考委員会による選定には，特命方式，設計競技方式，プロポーザル方式，設計料入札方式，その他の方式がとられている。

a．特命方式

選考委員会が，高く評価した図書館の設計者であるとか，発表された設計作品や論文など，能力，実績，評判から望ましいと思われる候補者を選び，面接や提出を求めた資料等をもとに総合的に判断して特定の人あるいは組織を選定する方式。

❶特性　選考委員会は，設計のパートナーにふさわしい「人」を選ぶので，望ましい協働体制のもとで設計を開始することができる。設計者にとっても，能力や実績が十分に評価されるとともに，信頼にもとづいて能力を十分に発揮できる環境が得られやすいといえる。また，一般に，手続きに要する手間や時間は，少なくて済む。

❷課題　設計者団体からはもっとも望ましい方式とされているが，この方式を選択する理由，特定者の選考理由について合理的・客観的に説明でき，関係者を納得させられることが求められる。また，実績の少ない設計者にはチャンスが少なくなる傾向がある。

b．設計競技方式

複数の設計者から，建築計画書に従った設計案の提出を求め，その中からもっとも良い「設計案」を選び，その提案者を設計者に指名する方式。広く一般から設計案を求める「公募型」と，あらかじめ候補となる設計者を実績や在住地などによって少数にしぼって行う「指名型」の二通りがある。

❶特性　具体的設計案の提出を求めるので，選考委員会は，建築計画書など設計案作成に必要な要件や条件を設計者に提示するとともに，提案作成に必要な期間と応分の報酬とを用意しなければならない。「公開型」は，公平性，透明性が高い方式であり，新人設計者の登竜門ともなると広く認められており，国立国会図書館関西館の設計者選定に採用された。

❷課題　自治体側は，募集の準備から審査，設計者決定まで，かなりの事務量と時間を覚悟しなければならない。設計者にも労力，経費，時間などの負担が大きい。1995年から96年に実施された関西館の国際設計競技には，国内外の2,375名（組織）が応募登録し最終的に493人から設計案が提出された。この公開設計競技では実施だけで1年を要している。また1986年から87年に行われた愛知県図書館の公開設計競技では，愛知県にゆかりのある国内の1級建築士に限定しているが合計で69案が提出されている。そのため実施される場合であっても，10者程度に絞り込む「指名型」が大半という状況にある。これでは，意欲ある新人設計者を発掘するという設計競技の機能の一つが達成できない。

また，「設計案」を選ぶので図書館と設計者の双方とも，その後の設計過程においては選んだ案に拘束される。大幅な設計変更をすることは許されないから，建築計画書など設計者にあらかじめ提供する情報は必要かつ十分な内容を含んでいなければならない。

c．プロポーザル方式[5]

設計競技と同様に建築計画書等資料と情報を提供した上で，設計案ではなく，新図書館に対する考え方や設計の方針と体制など文書を主体とする「人」や能力に関する資料と，敷地の使い方，基本的な建築形態や「地球環境への配慮」など設定した特定課題についてスケッチを用いた技術提案（プロポーザル）の提出を求め評価するとともに，インタビューを行うなどにより適任者を選定する方式。

1特性　設計競技方式に比して，自治体と設計者双方の負担や時間が少なくて済むことから普及してきている方式で，提案とインタビューを通して設計を委託するにふさわしい人（組織）を選ぶことを主目的とする。したがって，選定後の設計は特命方式と同様の展開となる。

2課題　選考者側が，技術提案の際に具体的設計案の提示を求めるなど設計競技との差異が不明確と批判される事例が少なくない。

なお，設計競技，プロポーザル方式では，選考委員会とは別に，建築専門家による「審査委員会」を設けることもある。その場合にも，公平性，透明性の確保のため，審査委員の氏名，審査内容などが公表されるのが原則である。

d．競争入札方式

俗に設計入札と呼ぶ。複数の設計者に設計報酬額で競争させるもので，競争者は希望額を提出（入札）し，最低価格を申し出た者を落札者としてこれと設計契約する方式をいう。入札に参加できる設計者を制限しない場合を一般競争入札，参加資格で制限する場合を制限付競争入札，競争者を指名する場合を指名競争入札という。地方自治法の第234条で，「売買，貸借，請負その他の契約

5：国土交通省大臣官房官庁営繕部．“質の高い建築設計の実現を目指して―プロポーザル方式―”．国土交通省 Web サイト．PDF，http://www.mlit.go.jp/gobuild/sesaku/proposal/2006-4.pdf，（参照2014-01-10）．

は，一般競争入札，指名競争入札，随意契約又はせり売りの方法により締結するものとする」と規定されている。また，会計法の第29条の6では「最低の価格で申込した者を契約の相手方とする」とされ，この2法が公共建築について設計入札が広範に行われている背景となっている。

設計者をその報酬額の少なさで決めるものであり，芸術的・文化的な行為である設計とはそぐわないとの建築家側の反発が古くからある。我が国の建築家の諸団体では，先進諸国にならって「“安ければよい”は決して“市民の利益”にはならない」として，設計入札を排除しようとしてきた。しかし，手続きが簡便であり，価格をベースとした自由な競争は公平性，透明性，機会均等を保障する方法として有力であるとする考え方や，自治体財政の逼迫から経費の節減が何よりも優先されるという状況からも，2003（平成15）年に公表された資料には，約85％の公共建築が設計料入札で選定されているとの国土交通省の調査結果が報告されている。このようなことから，2003年9月に日本建築家協会，日本建築学会など建築系5団体が「公共建築の設計者選定方法の改善についての提言」を公表するなど，多くの設計者は繰り返し競争入札方式によらない選択への転換を訴えている[6]。

e．その他の方式

米国における公共建築工事の設計者選定方式として最も広く採用されている，これまでの設計実績，その面積規模，受賞実績など設計者（組織）の資質を点数化したり，過去の設計作品を審査委員会が視察して関係者から評価の聴取を行うなどで選定する資質評価方式（Qualifications Based Selection：QBS）の導入などが提案されている。なお，わが国で行われている公立図書館の設計プロポーザルでは，評価項目に設計者の資質要素が含まれていることが多い。

6：社団法人建築業協会，社団法人日本建築家協会，社団法人日本建築学会，社団法人日本建築士会連合会，社団法人日本建築士事務所協会連合会．“公共建築の設計者選定方法の改善についての提言”．日本建築学会 Web サイト．2003，http://www.aij.or.jp/jpn/charter/public.pdf，（参照2013-01-10）．

6．施工段階以降

（1）施工段階

設計が完了したら建築主（公立図書館であれば自治体）は，建築確認を受けることが義務づけられている。建築基準法第6条において「建築主は，建築物を建築しようとする場合，大規模の修繕若しくは大規模の模様替をしようとする場合においては，当該工事に着手する前に，その計画が建築基準関係規定その他建築基準関係規定に適合するものであることについて，確認の申請書を提出して建築主事の確認を受け，確認済証の交付を受けなければならない」と規定され，この手続を経なければ工事に着手できない。申請書類の多くは設計者により作成される。

施工者は通常，工事価格の入札により選定される。施工段階では，設計者には工事監理業務が委嘱される。ここにおいて，設計者は施主側の利益を代表して工事監理にあたる。また，施工作業は実施設計図だけで完全に行えるものではなく，施工の段階でもさまざまな詳細図面が作られたり，見本から材料や色が決定される。つまり，広く「設計」と呼ぶべき作業が施工の段階でも部分的に続けられているといえる。このため，工事監理者，工事の責任者そして建築主（図書館と自治体の建築部局）との定期的な会合がもたれるのが通例である。この打合せを効率的にするためにも，設計者と図書館側との間で設計段階において細部までの意思統一ができていることの重要さが強調できる。

図書館としては，施工の期間には，新図書館についての広報，新規購入図書の選択，職員の研修，サービス計画の具体化，あるいはコンピュータシステムの詳細な検討など開館準備作業が進められる。

工事が完了すると，工事発注者による竣工検査，場合によっては追加工事を経て，建物が引き渡される。コンクリート建造物にあっては，工事完了後に十分な乾燥期間をおいて，家具の配置，資料排架を行うことが望ましい。

(2) 使用開始以後

先の図書館をつくる過程において「利用」をその最終プロセスにおいたが，従来は多分に工事の完了をもって建設の完了と考えられてきた。しかし，建物は利用が開始された瞬間から利用者による変化の手が加え続けられ，次第に建築が人間になじんでいく「利用」という過程が存在するのであって，建物の手直しは必ずあるといえる。実際に，入りやすさを狙ったら冷気も入りやすので入口まわりを改修したり，返却ポストの容量が足りず増設したり，予想を上回る利用者数のために座席を増やしたなどという事例はたくさんある。

図書館員は「利用」の過程において，常に自分たちの建物が100%の機能を発揮しているかを見直し続けることが必要で，必要が生じたら早い段階で改修等の措置を講ずるべきである。しかし，漫然とその中で日々を送っていると，その状態に順応してしまって，不具合，不便などの問題があることすら忘れてしまうこともある。他の図書館を視察したり利用者になってみるなど視点を変えることで改めて気付くこともある。この見直し作業の中からさらに次の図書館建築に対する要求が育っていくといえる。

7. 図書館建築に関係する法律等

図書館を建設する，あるいは増築するなど建築物を建てたり，大幅な改築をする場合には建築基準法を始めとしてさまざまな法律や規定が関係する。関係法規の主なものを挙げると以下のようになる。

a. 土地関係

①都市計画法……「都市計画による都市の健全な発展と秩序ある整備」を目的に都市計画の内容・決定手続等を定めている。法体系上，建築基準法とは相互に補完しあうような密接な関係をもつ。1919（大正8）年からと古くからの法律であるが，急激な都市化の進行などにより1968（昭和43）年に同じ名称の法律として改めて制定された。

• 都市計画区域：都道府県が決める計画的に整備する地域（原則，市町村の単位ごと）をいう。本区域には都市計画を定めることが義務づけられている。現在，都市計画区域は面積では国土全体の25.7％に過ぎないが国民の91.6％が居住している。したがって，公立図書館が建設される地はほぼ都市計画区域であると考えて良い。他に，準都市計画区域，都市計画区域及び準都市計画区域外が定められる。

- 市街化区域と市街化調整区域：都道府県は無秩序な市街化を防ぐために，都市計画区域内を市街化させる「市街化区域」と開発をしない「市街化調整区域」及び「そのどちらでもない区域」とに分ける区域区分を行う。市街化区域以外では，原則として図書館を含む都市施設の整備は行われない。
- 用途地域制：都市計画区域内（原則，市街化区域内）をどのような住宅地や商店街にするかを決めるのが各自治体の都市計画である。例えば閑静な住宅地にしたい地域であれば「第一種低層住居専用地域」，駅前商店街を目指す「商業地域」など，その目標イメージに応じて住居系７種，商業系２種，工業系３種計12種類の「用途地域」の中から，丁目や字（あざ）単位などで適切な用途地域が指定される。

②景観法……2004（平成16）年に公布された「良好な景観の形成を促進」する法律。この法自体で規制するのではなく，建物の外観，ボリューム，高さ等を制限する，地方自治体が定める景観に関する計画や条例に実効性や法的強制力を与えている。

③都市公園法……国や地方自治体が設置し管理している都市公園内には，管理事務所やトイレなどの他，政令で定められている用途の施設であれば建設が許される。図書館は建設が許される「教養施設」に含まれている。教養施設全体の建築面積（後述）は公園の面積の原則２％以内に制限されており，容積率（後述）は当該公園が指定されている用途地域の容積率が適用される。

④都市再開発法，土地区画整理法

⑤駐車場法　など

b．建築関係

①建築基準法（昭和25年　法律第201号）

②高齢者，障害者等の移動等の円滑化の促進に関する法律（バリアフリー新

法：平成18年　法律第91号）

③エネルギーの使用の合理化に関する法律（省エネ法：昭和54年　法律第49号）……石油危機を契機に制定され，エネルギー使用量の一層の節減を進めるために2008年に改正された。

④建築物における衛生的環境の確保に関する法律（昭和45年　法律第20号）……開館後の施設維持に関係する法律で，多数の人が使用する建物について，空気環境の調整，給水・配水管の管理など，環境衛生の管理上必要な措置について定めている。

⑤建築物の耐震改修の促進に関する法律（耐震改修促進法：平成７年　法律第123号）……現行の建築基準法が求める耐震設計法に適合しない建築物の所有者に耐震診断，耐震改修を行うよう義務づける法律。別に６章２節で扱う。

⑥建築士法（昭和25年　法律第202号）……建築物の設計，工事監理等を行う技術者の資格や国家試験の規定などを定めている。

⑦消防法（昭和23年　法律第186号）……火災の予防，鎮圧，火災や地震等の災害による被害の軽減のために，図書館内に消火設備の設置義務，消火活動のための具体的措置などの規定と消防関係機関の権限などについて定めている。不特定多数の人々によって利用される建造物等として消防法で「防火対象物」と定義されている図書館は，建築基準法で，確認申請の前段階として，消防長（市町村消防本部の長）から消防上の問題点はないとの確認（「消防同意」という）を得なければならないと定められている。

⑧建設業法（昭和24年　法律第100号）……適正な施工の確保によって公民の財産を守ることを目的とする法律。

⑨公共工事の品質確保の促進に関する法律（平成17年　法律第18号）……不当に安い価格での入札（ダンピング）によって危険な公共建築物がつくられてしまうことのないよう，国と地方自治体（発注者），施工者（受注者）双方の責務について定める。

c．その他

①学校教育法……幼稚園から大学までの学校設備等。

②社会教育法……社会教育に関する国及び地方公共団体の任務を明記。

これら国の法律以外に，地域独自の条例や建築協定等が関係することもある。

法律に関する判断は専門家に委ねるべきであるから，以下では図書館建築と関係の強い法律の体系と常識的用語の解説にとどめる。

（1）建築基準法

建築関係法規の根幹を成す法律は建築基準法である。この法律の下には，建築基準法施行令，建築基準法施行規則，建築基準法関係告示が定められており，建築物を建設する際や建築物を安全に維持するための技術的基準などの具体的な内容が示される。

第1条目的において「建築物の敷地，構造，設備及び用途に関する最低の基準を定めて，国民の生命，健康及び財産の保護を図り，もって公共の福祉の増進に資する」とされているように，ⓘ本来自由であるべき国民の建設行為を公権力で制約するものであるから，例えば「居室の天井の高さは，2.1メートル以上でなければならない」（建築基準法施行令第21条1項）のように，守らなければならない最低限の基準を示している。ⓘⓘ外観の芸術性のように，国民の生命と健康および財産の保護の範囲外のことについては言及しない。

建築基準法は7章から成るが主要部は第2章の単体規定と第3章の集団規定で，詳細な基準数値等は施行令以下で定められている。

a．単体規定

個々の建物単体について，建物自身の安全や中にいる利用者の生命と健康にかかわる要件を規定している。

❶建物自身の安全　敷地の雨水排水や土質など敷地の衛生及び安全の確保。自重，積載荷重，風圧や地震などに対して安全な構造耐力に関する計算法などを規定。

❷利用者の安全　階段の寸法，手すりの高さなど日常安全確保と，災害時に安全に避難するための避難経路や避難階段等の構造などを規定。また，煙の拡散や延焼防止の設備（7章2節（2）参照）などを規定。

❸利用者の健康維持　採光（室内に太陽光をとり入れること）や換気のための窓の面積，衛生上の支障をもたらす建築材料を使わないことなどを規定。

b．集団規定

建物が建ち並び一つの集団を形成する状態を，望ましい方向へ誘導するための規定で，都市計画区域で建設される場合にのみ適用される。

❶用途規制　用途地域ごとに建てられる建物の用途を限定して，都市計画のイメージ像実現への誘導を図っている。これによれば，図書館は，他の11種類の用途地域及び「用途地域の指定のない区域」であれば建てることができるが，臨海工業地帯のような工業を優先的に立地させる「工業専用地域」においてのみ建設することが許されない。

❷形態規制　建物のボリュームに関して容積率と建蔽（けんぺい）率の規定があり，用途地域ごとにそれぞれの上限値が定められている。

❸容積率　建築物の延べ床面積の敷地面積に対する割合。延べ床面積÷敷地面積（%）をいう。都市計画により用途地域ごとに50%から1300%の範囲で定められた数値，または，前面道路の幅によって算出される数値のいずれか小さい方の数値が適用される。延べ床面積とは，各階の床面積の合計で，同一敷地内に既に別の建物がある場合や２以上の建物を同時に建てる場合はそのすべての床面積の合計をいう。また，エレベータが上下する空間（エレベータシャフト）部分は，各階に床があるものとして床面積に算入するなど，床面積の算定法は別に施行令で詳細に定められている。

❹建蔽率　建築物の建築面積（同一敷地内に云々は容積率と同じ）の敷地面積に対する割合をいう。建築面積÷敷地面積（%）。都市計画によって用途地域ごとに30から80%の範囲で定められている。建築面積とは建物でふさぐ土地の広さをいい，およそ１階の床面積であるが，外壁から１m 以上突き出たひさしや軒（のき）がある場合にはその端から１m 後退したところまで建物が広がっているとする。法律表現では「建築物で囲まれた部分の水平投影面積」である。

容積率と建蔽率の制限から，例えば容積率200%，建蔽率60%の地区で敷地面積が1,000㎡であれば，１階の床面積が最大600㎡で，最大2,000㎡の延床面積すなわち各階とも同じ面積とすれば３階建てに一部４階が200㎡の図書館を建設できるというように，建物のボリュームがただちに算出できる。

5高さ制限　建てられる建物の高さの上限を制限するもので，用途地域や高度地区の種別，都市計画などによってそれぞれの上限値が決められている。敷地面積や容積率に関係なく建物の高さを制限することを「絶対高さ」と呼ぶ。第一種および第二種低層住居専用地域では，10mまたは12mの絶対高さが都市計画で定められる。他の用途地域であっても，日照確保や都市美観の整備のため，建物の絶対高さを定めることができる高度地区の指定を重ねる自治体が増えてきている。この他，建築物の高さに関する制限には，道路斜線制限，北側斜線制限，日影規制などがある。

6敷地と道路の関係に関する規定　避難や消防等の経路を確保する観点から，道路への接し方（接道義務）などの規定。

（2）高齢者，障害者等の移動等の円滑化の促進に関する法律

高齢化社会の到来を迎えて高齢者，障害者の自立と積極的な社会参加を促すため，公共性のある建物を高齢者・障害者が円滑に，安全に利用できるような整備の促進を目的として，1994（平成６）年に「高齢者，身体障害者等が円滑に利用できる特定建築物の建築の促進に関する法律（通称ハートビル法）」が制定された。出入り口の幅他７項の最低値基準に対し，延床面積2,000㎡以下の図書館の場合は「特定建築物」として努力義務，以上であれば「特別特定建築物」として適合義務が課された。その後，2006年12月に建物が対象の同法と2000年に施行され駅や空港等のバリアフリー化を進める「交通バリアフリー法」を統合して内容を拡充した法律，通称バリアフリー新法が施行された。また，この法律では，地方自治体が条例によって内容を拡充強化できるとしており，東京都では建築物バリアフリー条例によって適合義務対象が拡大されている。

建築物に関する規定には1994年から大きな変化はない。具体的な構造及び配置の基準は，同法施行令の第11条から23条で，出入り口の幅，廊下の幅と床仕上げ，階段の寸法・手すり，スロープの寸法・勾配・仕上げ，トイレの設備，エレベータの安全策，敷地内の通路の構造，車イス使用者専用駐車場の設置，標識・案内設備等のわかりやすさについて，細かく性能要件を列記している。

図書館には，心身に障害を有する人，移動に関連する身体機能が低下してき

ている高齢者が多く来館することから，2,000㎡以下の図書館であっても，この法律で求められている基準を充たすことは必須であると考えるべきである。

（3） 専門家の企画・計画への参加

先に上げたいくつもの法律は，建物ボリューム制限に関する都市計画法と建築基準法，避難に関する建築基準法と消防法のように，複雑に関連しあうだけではなく，さまざまな特例や制限緩和の規定があり，なかなか理解しがたい。また，自治体独自の条例や警察や消防による指導なども加わる。そのうえ，法律用語には一般に通用している用語と意味が異なる場合もある。しかも，法律は種々の要因により改正が繰り返される。都市計画も定期的に見直しされることになっており，同じ用途地域でも集団規定の制限などが変更される。

また，関連法規の改正によって，過去に建設された図書館（既存建築物）の中には，その一部が現行の法規が求める規定に適合していないものがある。このような建物を使用し続けても違法ではないが，一定規模以上の増改築や改修を行う際には，その建物全体を現行法に適合するよう改修して不適格の解除をしなければならない。しかし，これにも2005（平成17）年以降緩和規定が加えられた（関連：耐震改修促進法，本書6章3節（1）参照）。

したがって，図書館建設（既存図書館の一定以上の増改築の場合も）の企画・計画の初期段階から，建設の完了まで，最新の建築関係法規に精通した専門的知識を有する人（行政の関連部局の職員ないしコンサルタントとしての建築家など）に正式の委員として参加してもらうことは欠かせない。

8．PFI（Private Finance Initiative）による施設整備

地方自治体による施設建設を伴う図書館整備の方法の一つとしてPFIによる施設整備がある。PFIとは1992年，英国において生まれた社会資本整備における官民連携事業（Public Private Partnership：PPP）の一形態である。この手法は，従来自治体（官：Public）が単独で行ってきた公立図書館の，設計，建設，運営，及び施設の維持管理等を，民間（Private）の資金や経営能力，

技術的ノウハウを活用して行うことにより，従来よりも，効率的かつ効果的に図書館サービスを提供することを目的とする。わが国では1990年代後半のバブル崩壊後の長期不況からの脱却を目的とする「構造改革」の一環として導入が検討された結果，1999（平成11）年７月に「民間資金等の活用による公共施設等の整備等の促進に関する法律（PFI 法）」が制定され，翌年３月の「民間資金等の活用による公共施設等の整備に関する事業の実施に関する基本方針」告示によって PFI 事業の手続等，枠組みが設けられた。

特徴を列記すると，①図書館を PFI で事業化することが直営事業とするよりも，公的財政負担の縮減，サービス水準の向上が明らかであることを事前に審査し結果を公表すること，②民間事業者の選定には，全事業年限にわたる経費総額と能力およびノウハウに基づく提案の両面から審査すること，③選定された民間事業者は，設計，建設および15年から30年程度の長期にわたる図書館運営と施設の維持管理を，独占的に実施すること。PPP の一形態である指定管理者制度ではⓘ既存の図書館を指定管理者に委ねるが，PFI では新たな図書館施設の設計から民間事業者の能力とノウハウを活用する，ⓘⓘ指定管理者制度では３年から５年程度の契約期間が一般的であるが，PFI では15年や30年など長い事業期間が設定される。④官は，民間事業者の運営状況，実績等を定期的に審査して事業開始時にとり決めた水準を充たしていることを確認して，経費を支払う，すなわち民間事業者の図書館サービスを税金で購入し続けること（サービス購入型），などである。

①「支払いに対して最も高いサービスを供給する」という考え方に基づき，公的財政負担の縮減を評価する指標が VFM（バリューフォーマネー）である。VFM は，当該図書館にかかる事業を官が直接実施する場合の事業期間全体を通じた総経費（Public Sector Comparator：PSC）と民間事業者に委ねた場合のそれとの差すなわち VFM＝PSC－PFI を基本とする。これが大きいほど VFM があるという。

②事業者選定は地方自治法施行令第167条10の２に示される「総合評価一般競争入札」方式による。これは，価格的要素と非価格的要素（施設の設計，事業運営の能力・経験，独自のノウハウに基づく運営に係る提案の的確性など）

の両面から評価する方式をいう。

③選定された事業者は，当該図書館を設計，建設，運営，維持管理することだけを業務とする特定目的会社（Special Purpose Company：SPC）を設立し，法人格上及び経理上の独立性をもたせなければならない。この特定目的会社と自治体とが事業委託契約を交わす。

④自治体は内部の審査機関によって，当初契約時に設定した要求内容に則して事業が行われているかをサーベイランスして，問題がなければ契約通りの金額を支払う。サービスの購入金額は，通常，事業費総額を契約年数で除した「均等分割」方式で算出される。すなわち，自治体の直営事業であれば，設計費用，建設費用，人件費を含む毎年度の運営費用，施設維持管理費用をその都度支出することが必要であり，中でも相当に大きな金額である建設費を施設の建設完了時には支払い終わらなければならないが，PFI方式であれば全事業期間に経費支出が分散（平準化）されることが，自治体がPFI方式を用いるメリットの一つである。

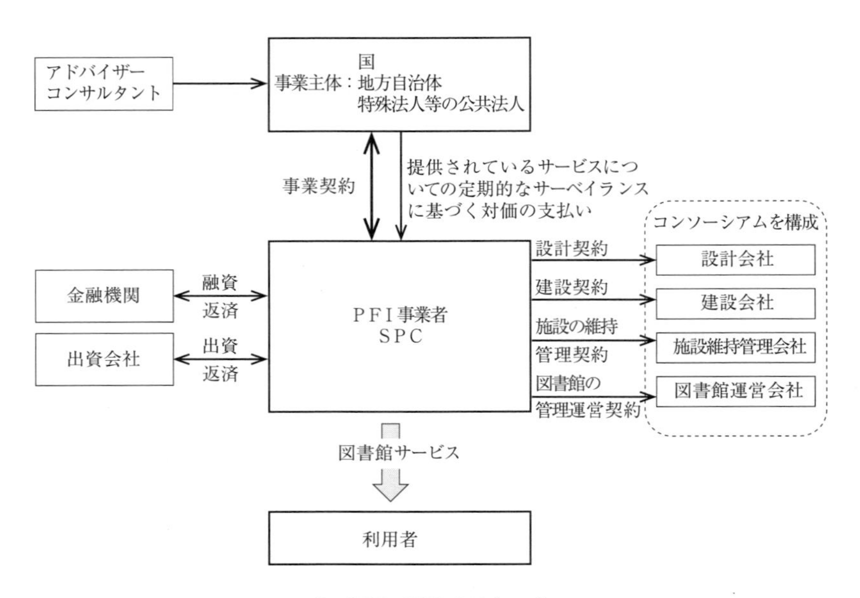

3-3図 PFIのスキーム

設計から数十年間の運営まで，図書館事業を長期間にわたって民間事業者に委ねることになるから，事業費総額はかなりの高額になること，事業期間中に大地震が襲来した場合の経費負担などといったリスク対応について細部まで取り決める必要があることなどから，事業者選定までには，自治体内の多くの部局を巻き込んだ事務局の設置，厖大ともいえる事務量及び時間とを要する。そのため，外部の専門コンサルタント組織に参画してもらうことが不可欠である。

これまでわが国では，桑名市立中央図書館（三重県，開館2004（平成16）年）を第1号として，稲城市立中央図書館（東京都，2006年），府中市立中央図書館（東京都，2007年），長崎市立図書館（2008年），さいたま市立北図書館（2008年）などの例がある。これら先行例からは，種々の情報が公開されている。

4章　図書館の建築計画

本章では，図書館施設を構成する室・スペースについて，それらを空間としての建築物にまとめるときの基本的な考え方について扱う。公共図書館が単独施設として建てられる際を想定した記述を基本とするが，館種を超えて適用できることを意図する。

1．計画全体の構成

一つの図書館を構想するにあたって検討する内容は以下のように分けられる。

a．敷地利用計画

敷地の使い方に関する計画。敷地の形状と方位，周辺の環境と道路の状況，利用者の主なアクセス方向，増築の可能性などから，どの位置に歩行者，自転車，車の入口を設けるか，どの範囲に建物，駐車場，駐輪場を配置するか，などについて計画する。

b．構成要素の計画

図書館が備えるべき機能と運営方針に基づくサービス計画，資料整備計画，職員の計画などから，図書館のサービスと活動の場である室・スペースすなわち建物の構成要素について計画する。

c．規模計画

資料の収集・整備計画，想定利用者数などから，構成要素のそれぞれに，配置される資料の種類と量，座席の種類と数，職員数など，サービス・活動の展開にかかわる具体的な数量や家具類を決定して，各部の必要面積および全体面積を算出する計画。

d．平面計画

室・スペース相互の関係の強さ，人・物の移動量などから，それぞれの望ましいつながり方，相互の位置関係についての計画。

e．断面計画

階ごとの構成要素の配置計画。図書館は一般に平屋建てであることが望ましいが，必ず実現できるとはいえない。とくに，利用者の出入口の置かれる階は，利用者にとってもっとも利用しやすい階であるから，この階に何を配置するかは重要である。

f．室内環境計画

室・スペースごとの家具類の並べ方や温度湿度，明るさ，仕上げ材，雰囲気などについての計画。

g．外構計画

造園・緑化および屋外サインの設置位置などについての計画。

2．基本的な考え方

（1）図書館建築の目標

公共図書館は，ⓘ0歳児から高齢者まであらゆる年齢層を利用対象としていること，ⓘⓘそれらの人々に無料で開放されていること，ⓘⓘⓘ個人を単位に利用される施設であること，ⓘⓥ利用者が，予約無しに自由な時間に訪れ好きなだけいられる，という他の公共施設にはない特質を有している。

大学図書館にあっても，すべての構成員が利用できること，基本的に時間や場所の制約なしに館内を利用することで，知的活動に専念できることは欠かせない要件である。

そのため図書館の建築は館種と規模を問わず，以下のような基本的要件をみたしている必要がある。

a．安全であり，快適である建築

安全で快適であることは建物性能のもっとも基本の要件である。安全では日常安全の延長上に災害時の安全があるといえる。床での転倒や階段からの転落などといった日常的な利用上での危険がないこと。その上で，防災設備など災害に対する備えが万全であり，その適正な維持管理が容易にできるようになっていること。

温度・湿度，空気の質，明るさ，音などの室内環境要素が，省エネルギー(ランニングコストの縮減）と快適さの両立したシステムにより実現していること。

図書館の安全では資料管理の安全という側面もある。あるべき資料がきちんと所定の位置にあることは，利用者に信頼される図書館の要件である。蔵書管理，貸出返却管理を厳正に行うことに加えて，資料の亡失を防ぐために機械式の検知システムによる資料管理を行うことが必要となっている。しかし，これだけに頼るのではなく，利用者が自然にモラルを守るような雰囲気を建築にもたせることが基本である。

b．入りやすく，親しみやすい建築

入りやすさには，入口がわかりやすく入口扉までの歩道に段差がない，入口

4-1表 建築に求められる安全性

構造安全性	• 建物自体の重さや床荷重，積雪荷重を安定して支える • 地震や強風などの外力に耐えられる • 爆発や衝突などの衝撃に耐えられる
自然災害安全性	• 地震，洪水，高潮・津波，火山噴火による降灰，豪雪に耐えられる • 自然災害時に機能を保持できる
火災安全性	• 近隣の火事で延焼しない（防火構造） • 火熱による構造体の損傷や倒壊を防ぐ（耐火構造） • 火災の進展や煙の発生を防ぐ（不燃構造）
避難安全性	• 火災や地震で避難を要する際に，安全な場所まで避難できる経路が確保できる • 消火活動や救助活動がしやすい
日常安全性	• 人員：転倒，転落，ぶつかり，はさまれ等の事故の発生がない • 設備・機器：落下，転倒，発火・発熱，漏水および誤作動等がない
防犯安全性	• 不審者の侵入，盗難，放火，破壊行為，盗撮などを未然に抑止する • 広義には，コンピュータネットワークへの不法侵入防止も含まれる

(吉村英祐「特集 図書館と災害・安全対策：公共建築の安全・安心を考える」『図書館雑誌』2004, vol.98, no.3, p.145-147より)

扉が自動ドアなどで両手に荷物を持っていても開閉に支障がないなど，物理的な入りやすさと，建物が威圧的でなく人を引きつける魅力をもつ，館内の様子が外からうかがえるなどで，入ってみようと人を誘うような心理的な入りやすさの両面をみたす必要がある。

親しみやすさのためには，館内が十分に明るく，見通しがきいて，自分のいる所，自分の行きたい所がわかりやすいこと。ゆったりとした中に適当なにぎわいがあること。館内で過度に静粛を強いる必要がないように，動的な行動のスペースと静的な行動のスペースとのメリハリをつける。また，できるだけゆとりのスペースを設け，居心地の良い空間とする。雰囲気を和らげるためには観葉植物や絵画，彫刻を適宜配置することも効果的であり，このようなことをあらかじめ想定したスペースをつくりたい。

c．使いやすく，働きやすい建築

第一に，できる限り一層あたりの面積を大きくして，全体として低層の建物とする。階数を減らすことで，館内がわかりやすくできる。階段などの面積が減り，それだけ図書館機能上で有効に利用できる部分を多くすることができる。また，館内がよりわかりやすくなることや，職員の目が行き届きやすくなり，サービスの向上と管理のための人手の削減が期待できる。第二に，機能的であること。室・スペースの相互の位置関係を合理的にかつコンパクトに配置する。これにより利用者と館員の歩行距離を短くすることができ，使いやすさ働きやすさが向上する。無駄を排したコンパクトな建物は建設費や維持管理費を減らす効果をもつ。第三に，職員用の事務・作業室など間接サービスのための室やスペースが適正な広さと構成でなければ十全な機能は発揮できない。職員が効率的に働け，知的労働に専念できる執務環境の形成が求められる。

d．あらゆる人が魅力を感じる建築

図書館には人々が本を借りる，雑誌を読む，調べものをする，映像資料を視る，音楽を聴く，集会に参加するなどさまざまな目的で来館する。単に読書といっても，ゆったりとしたソファで読みたい，広い机にいろいろな本を広げて読み比べたい，個人席や個室で読書に没頭したい，グループで読書会をもちたいなどいろいろである。図書館建築にはこれら来館者がそれぞれの目的をみたし，かつ快適に過ごすことができるように多様性と豊かな空間性への配慮が必要である。

同時に，人と人との出会いや交流の場となる地域コミュニティのサロンとして，特段の目的をもたなくても来館したくなるような魅力をもたせたい。

e．身体障害者も支障なく利用でき，働ける建築

図書館は障害をもつ利用者も職員も，健常者と変わらぬ行動ができるバリアフリー環境を実現したものでなければならない。「高齢者，障害者等の移動等の円滑化の促進に関する法律（通称：バリアフリー新法，平成18年法律第91号：３章７節）」は，図書館の出入口，廊下，階段，傾斜路（スロープ），昇降機，便所，敷地内の通路，駐車場などについて基準を設け適合努力義務を課している。各自治体も個別に条例などで建築上のバリアフリー基準を定めており，これらの要件を満たすことは不可欠である。しかし，この法や条例自体は，図書館としての「使いやすさ」を保障するものではないことも認識すべきで，図書館ごとにきめ細かな配慮が必要である。また，車いす利用者への対応だけに偏ることなく，視覚・聴覚障害者，高齢者，妊婦などさまざまな意味で利用にハンディをもった人が図書館を利用することを忘れてはならない。

さらに，身体に障害を有する職員でも支障なく働ける建築でなければならない。

f．図書館の成長・変化に対応できる長寿命型の建築

図書館の資料は定常的に増加し続け，利用者も増加する。資料の形態や図書館サービスの内容，利用者が図書館に求めるものも時代とともに変化する。このように質と量からなる成長と変化に対応して，長年月にわたって図書館として使い続けられるためには，建設時から変化をできる限り受け入れることができるようスペースの融通性と拡張性を考慮しておく。そのため，量的に拡張する要素，質的に変化する可能性の高いサービスや機能を抽出し，それらが将来どのように変化するか，どの場所にどのような対応を準備しておくのが適当かについて検討し，妥当な範囲で備えておく必要がある。その上で，建物全体として固定の壁を最小限にしたり，床に段差をつくらないことでフレキシビリティ（融通性）の高い建築としておくことが大切である。

なお，建物が長期間の使用に耐え長寿命であるためには，維持管理の経費が合理的な範囲であることが求められるが，建築としての長寿命化を図る方策については6章で扱う。

g．美しく，格調の高い建築

それを利用したり働くことが誇りに感じられるような建物，地域の気候や風土，周辺の雰囲気とよく調和した建物，長年月をかけて風格を増していくような建物，実用性と美しさの調和した建物，こんな建物は利用者からも愛され，職員の熱意を持続させる。

3．構成要素

公共図書館はⓘ地域社会と市民の要求を正確に把握し，それに基づいて適切な資料や情報を収集すること，ⓘⓘ貸出，読書案内，リクエスト，レファレンスのサービスによって利用者の求める資料や情報を提供すること，ⓘⓘⓘこれらの充実をふまえて，集会活動など市民の利用を促す活動を展開することが主要機能である。

こうした活動を展開するために必要となる室・スペースすなわち構成要素は，それぞれの図書館が果たすべき機能の違いを反映して異なるから，それぞれに応じた慎重な検討が求められる。

もっとも単純な構成である地域館では，地域住民の日常的な貸出利用および館内閲覧要求に応えられる厳選された一定量の資料を開架で提供する一般書コーナー，新聞・雑誌コーナー，児童コーナーなどに分節化された開架書架スペースが，ほとんどの部分を占め，これにサービス職員のワークスペースのみで構成される。

市立中央図書館レベルでは，貸出および館内閲覧に加えて調査・研究利用に対応できる，開架閲覧に関連した多様な利用部門の独立した室ないし半独立のスペースと，集会・会議・展示部門，保存機能に対応した閉架書庫，ならびに業務部門の諸室，移動図書館関連室などが必要となる。

県立など大規模参考図書館では，主要機能は調査・研究利用が主体となるため，個別性の高い開架閲覧室を複数設ける。

上記２種について，機能と室構成の例をまとめた例が4－2表である。

4－2表　図書館の構成要素

機能		市立中央図書館レベル	大規模参考図書館レベル
入口	エントランスホール	総合案内，掲示，新刊展示，ブックポスト（展示スペースを設けることも多い）	総合案内，ラウンジ，喫茶，ロッカー室，ブックポスト
利用部門	貸出 検索 閲覧 参考調査	総合サービスカウンター，貸出事務室 資料検索スペース 開架閲覧室 （細かく区切らずに，主な利用対象者別や資料の内容，形態別にコーナーとして分節化する） ・資料：開架資料群 （分節化要素の例） ・児童，ヤングアダルト，成人，高齢者等主な利用集団別 ・一般図書，雑誌・新聞，視聴覚資料，児童図書，青少年図書，参考図書，郷土資料，行政資料等資料の形態や種類別 ・ポピュラー図書，実用書，調査研究図書等資料の内容別 ・ブラウジングスペース ・お話し室（コーナー） ・視覚障害者サービススペース ・対面朗読室 ・利用：ソファ席や閲覧席を適宜分散配置インターネット端末スペース ・館員：参考調査相談・案内デスク 児童司書デスク	貸出センター 資料検索スペース（館内に分散配置） 開架閲覧室 （主題部門別や資料種別，資料の内容別にそれぞれ開架閲覧室を設けるなど，個別性を高めて構成する） ・資料：開架資料群 ・利用：閲覧席（情報コンセント付き） 研究個室，グループ室 視聴覚資料視聴ブース ブラウジングスペース ラウンジ（休憩スペース） お話し室 コピー室（ブース） インターネット端末 （公開書庫） ・館員：参考調査相談デスク 児童司書デスク 部門別作業室 （館内での視覚障害者へのサービス） ・資料：開架書架群 ・利用：閲覧席，対面朗読室 ・館員：受付カウンター，作業室
	集会・研修 展示	集会室・研修室，グループ活動室 展示スペース	視聴覚ホール（映写室など関連諸室） 集会室・会議室，保育室 グループ活動室，ボランティア・ルーム 展示室（スペース）
業務部門	企画調整 資料整備 情報管理 会議・厚生 移動図書館の基地 など	館長室兼応接室 管理事務室 整理作業コーナー コンピュータコーナー 会議室，スタッフラウンジ，更衣室 移動図書館書庫，配送・仕分け作業室 移動図書館車庫など	館長室，附属諸室 管理事務室 資料整備作業室 選書室，受入・整理部門作業室 資料複製室，スタジオ，録音室，会議室，スタッフラウンジ，更衣室，移動図書館書庫，配送・仕分け作業室，移動図書館車・巡回車車庫など
保存		保存書庫	保存書庫，新聞庫 貴重書庫，貴重書閲覧室
建物として機能するためのスペース		廊下，階段，エレベータ，便所，倉庫，授乳室 空調機械室，電気室，中央監視室，清掃作業室など	

（植松貞夫，冨江伸治，柳瀬寛夫，川島宏，中井孝幸『よい図書館施設をつくる』日本図書館協会，2010，p.41より）

4．全体構成

（1）規模計画

図書館の全体面積と各部の面積を算出するのが規模計画である。規模といっても大きく次の３種に分けられる。ⅰ「この図書館の蔵書数は約30万冊である」「この集会室の定員は200名である」の形で表現される，同時に利用できる人やものの数，すなわち収容能力，ⅱ「この図書館の来館者は１日１万人である」「この図書館では１日2,000冊の貸出がある」などある時間帯をとってその中でサービスできる人やものの数，すなわち処理能力，ⅲ「この図書館の床面積は5,000㎡である」「この建物の高さは25m である」と表現される面積や寸法，である。このいずれもがバランスよく整合していることが必要であるが，規模計画の基本的な流れとしては，まず第一段階として収容能力や処理能力について決定し，第二段階としてそれを滞りなく展開できる面積や寸法を決定することになる。

廊下，階段，エレベータ，トイレ，空調機械室などは，建物を建物として機能させるための要素空間であるが，図書館機能には使い得ないスペースである。これらは全体規模や階数にもよるが，通常全面積の30％程度で，各機能空間の合計に加算される。この比率が著しく低くなると，建物に余裕がなくなり，また使いにくいものとなる。

a．積み上げ法

各室の面積や部分の面積を積み上げて全体の規模を算定する方法である。それぞれごとに収容する資料数，座席数その他設備の数と，１㎡あたりの収蔵冊数とか座席１席あたりの必要面積などの原単位から，必要な面積を算定する。また，入口ホールや廊下などについては，概略値を用いたり適宜簡単な図を描くなどして算定する。

書架スペースにおける原単位である１㎡あたりの収蔵冊数は，４－１図のハッチ部分の面積に合計何冊の本が排架されるかであるから，以下のように算出する。

算定式＝冊数（(段数）×（棚あたりの冊数）×２）÷面積（書架間隔×0.9)

まず，１連90cm の棚板は図書30冊程度の収容力をもつとされが，現実には公共図書館では35～40冊／棚，学術書部門や大学図書館では30冊／棚が妥当な値といえる。次に，将来受け入れる資料に備え空きスペースを用意しておく必要がある。理想的には1/3から1/4程度の空き（逆にいえば充填率2/3）が必要であるとされる。したがって，分母になる面積（書架間隔 m ×0.9m）に（段

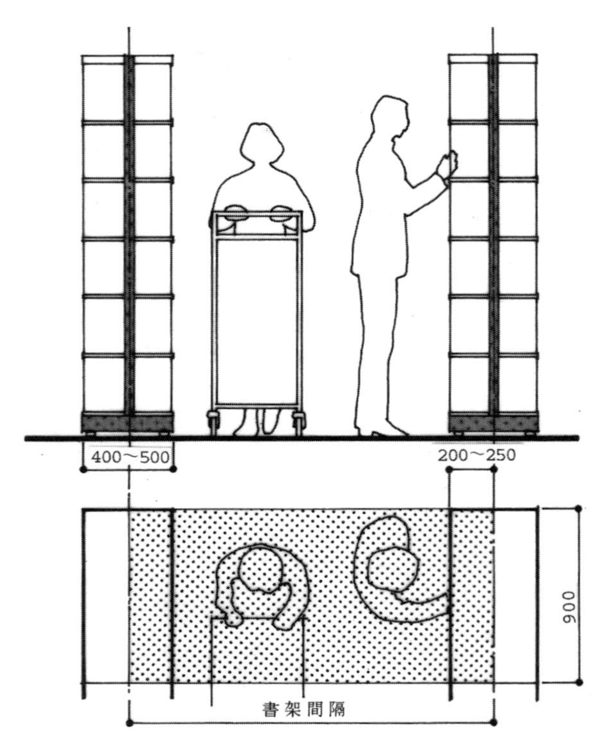

4－1図　収蔵量計算のための原単位

（植松貞夫，冨江伸治，柳瀬寛夫，川島宏，中井孝幸『よい図書館施設をつくる』日本図書館協会，2010，p.46より）

数×棚あたりの平均冊数×２）冊が収納されているから，例えば，書架間隔1.8mで，６段の書架を使用し，平均30冊並ぶ棚に2/3の充填率で並べた場合の収納力は「(6×30×(2/3)×2)÷(1.8×0.9)＝148冊／㎡」となる。この値から，10万冊をこのような書架群に排架する場合に必要となる面積は「10万冊÷148冊＝676㎡」と算出できる。この面積に，書架間を貫く縦通路や柱の周囲，壁際など配置上のロスを見込んだ面積を加算（多くの場合は30％程度）すれば，書架群の配置に必要な面積（約850㎡）を求めることができる。

閲覧机と書架の配置と１㎡あたりの収容力を４－２図に示した。

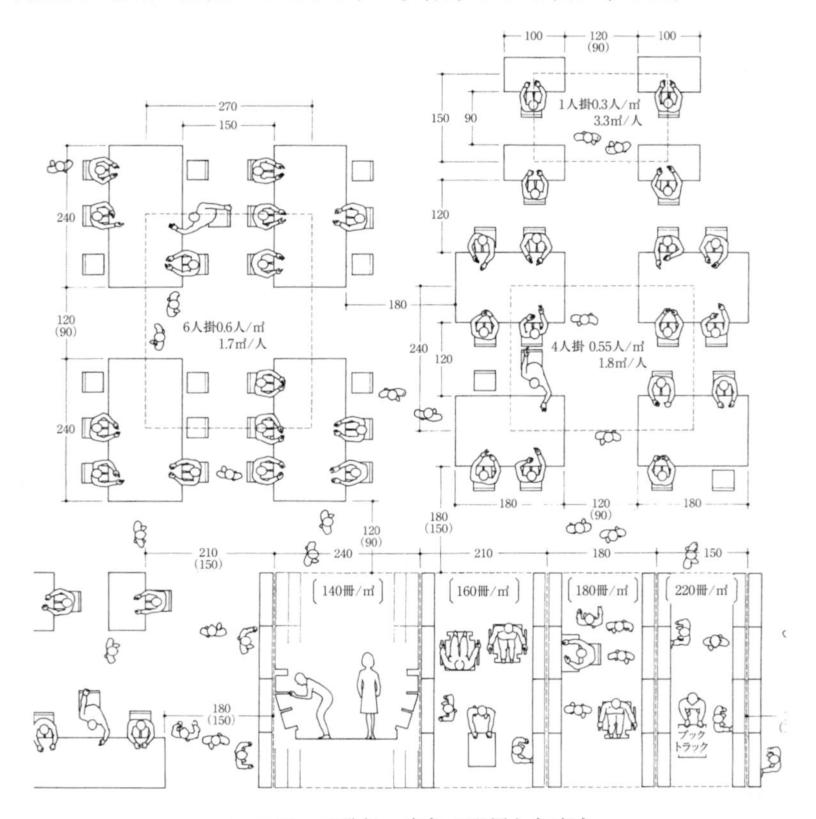

4－2図　閲覧机・書架の配置と収容力

※書架の収容力は６段書架，25冊／棚で計算

（日本建築学会編『建築設計資料集成：教育・図書』丸善，2003，p.174より作成）

b．分割法または配分法

まず全体の面積を決め，それを各部に配分していく方法である。『公立図書館の任務と目標』では，人口規模段階別に自治体の図書館システム全体での達成すべき基準値としての延べ床面積が提示されている。これをもとに，類似規模の先行例の配分比率などを参考に分割することも一方法である。各部門の配分は図書館ごとの力点の置き方によって異なる。

しかし，実際には，どちらかの方法だけで決定できることはなく，積み上げ法と分割法との間でいくつもの各部面積の配分試算を行うことで適正な全体規模とその配分を決定する。

（2）平面計画

平面計画とは室・スペースの並び方すなわち「間取り」の計画で，動線計画がその基本である。平面計画では，室・スペース相互の関係の強さ，人・物の移動量などから，それぞれの望ましいつながり方，相互の位置関係について検討する。相互関係の強度は両スペース間での動線量に置き換えられる。動線とは人や物の移動する軌跡のことをいう。図書館においては利用者の動線，職員の動線，資料の動線がある。資料は原則として単独では動かないため，利用者・職員の動きによって代行する。動線計画の基本目的は「利用者にとって使いやすく，職員にとって管理しやすい」図書館である。そのためには，館内における利用者，職員及び資料の動きを整理し，適切な動線計画をたてなければならない。原則は利用者と職員の動線の分離と，動線の合計長さを最小にすることである。

平面計画は，本来的には，敷地条件，外観のデザイン，階構成計画，構造計画，環境設備計画，防災計画及び建築基準法を始めとする法的な制約など，設計段階における種々の計画と総合的かつ一体的に検討されるべきものである。また，動線を計画することは，建物の使われ方つまり利用者や職員の行動パターンを規定するという側面もある。したがって動線計画は，個々の図書館サービスごとに具体的な方法の詳細な検討に基づき，さまざまな行動パターンや場面を想定しつつ決定しなければならない。具体的な動線計画では以下の５点を確保することが必要である。

①全体としてわかりやすく明解である

②チェックゾーンとノーチェックゾーンの区分が明確である

③利用者や職員の利用行動に即して自然であり合理的である。すなわち動線上の往来が頻繁な間は相互の距離を短くする

④利用者と職員の動線の不必要な交差がない

⑤水平動線と垂直動線の関係がわかりやすく合理的である

このほかに，書店員等外部からの訪問者の動線への配慮も忘れてはならない。

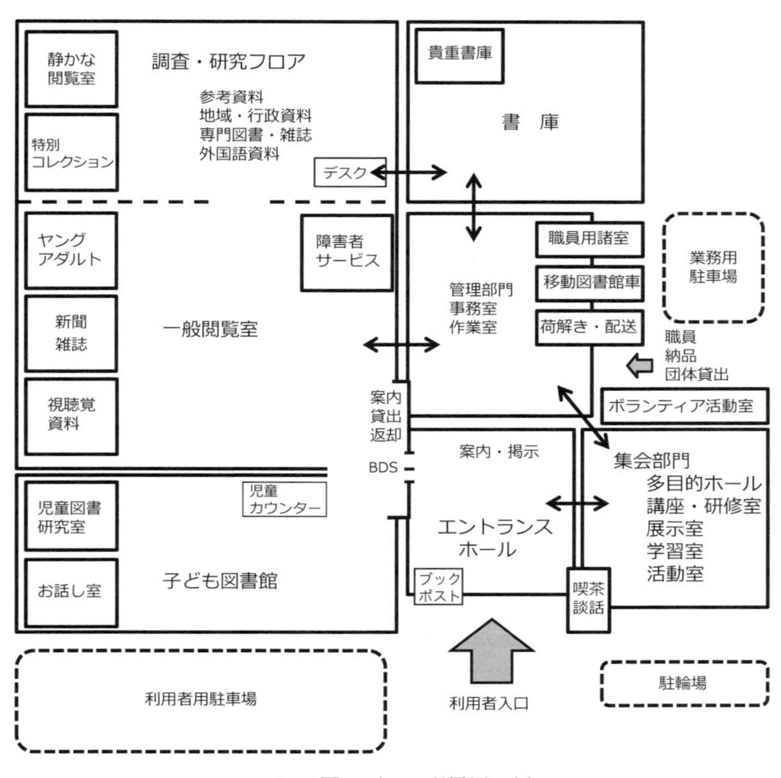

4-3図　ゾーン配置図の例

(3) カウンターとデスク

平面計画の過程では，利用者と職員の接点であるカウンターとデスクの位置をどこに定めるかは重要なポイントである。それは，カウンターやデスクが利用者と職員の動線の起点であったり結節点となり，位置の適否は図書館の使いやすさ働きやすさを左右するからである。カウンター・デスクの種類や役割を分類すると4-3表のようになる。小規模図書館では，人員配置の効率化と利用者の便との両面から，各種機能を統合した総合カウンターを入口近辺に設置し，カウンター業務の繁閑に応じて対応職員数を調整できるようにするのが合理的である。中規模以上の図書館では，単機能ごとに独立させたカウンター・デスクに当該機能専任の職員を配置することになるから，適宜分散して個別形式のものが配置される。従来，もっとも多くの職員を配置していた貸出サービスには自動化機器が導入され，先行例では全貸出の過半が職員の手間を介さずに処理されていることから，職員を置く貸出カウンターは自動貸出機に不慣れな人のためなどごく少数のみ設置するようになってきている。

出入りのチェックのためには出入り口に近いことが，案内デスクは誰からも見つけやすい建物の中心部になど，役割に応じた望ましい位置と館のサービス方針や人員配置計画とを勘案して，位置の決定を行う。

4-3表 カウンター・デスクの種類と役割

種類	役割
立ち寄り・処理	総合案内，入退館管理，貸出，返却，リクエスト・予約，視聴ブースの予約
相談・手続	利用登録・利用案内，本の案内，レファレンス，複写依頼
特定の利用者対応	児童，視覚障害者，視聴覚ブース利用管理，学習室座席管理
その他	国や自治体の情報提供の窓口，ビジネス支援サービス窓口など

（4）出納システム

利用者が目的とする図書館資料を手にする仕方をその手続を含めて出納システムと呼ぶ。利用者が自由に接架でき，手に取って資料を選ぶことができる開架式，目録等を調べ，書庫にある本を職員を通して出し入れしてもらう閉架式，その中間の安全開架式とがある。

4-4表 出納方式と平面形

	自由接架式 開架式	安全開架式	閉架式
平面形態		書庫 閲覧スペース	書庫 閲覧スペース 目録
閲　覧	利用者が自分で書架から本を取り出して選び，そのまま席で利用できる 館内での資料の利用記録は残らない	利用者が入庫できる 書庫内で自分で本を選べるが，閲覧室に持ち出すには，利用記録を提出しなければならない	閲覧者は目録によって本を選び，館員に書庫から取り出してきてもらう 請求・利用記録が残る
閲覧者にとって	自由に見較べ，必要な本を的確に選ぶことができる	同左 気軽に本を探し出すことはできない	目録から選ぶので，請求した本が，希望にそぐわない場合がある 待ち時間がある
管　理	排架の秩序が乱れやすい 本の損傷，亡失事故が多くなりがちである	排架秩序はやや乱れる。 本の損傷，亡失事故は比較的少ない	排架秩序は乱れない 書庫内での本の損傷，亡失事故は生じない
書架まわりの計画	書架間隔，通路を広くとり，探しやすく，わかりやすい書架配列とする	収納効率を優先するが，利用者が入庫することに配慮した書架配列とする	収納効率を重視しコンパクトな書架配列とする 職員が効率よく動けるよう配慮する

（日本建築学会編『建築設計資料集成：教育・図書』丸善，2003，p.174より作成）

開架閲覧室とは，開架書架群と閲覧用の机，椅子とが一体となって配置されている部屋をいう。開架式の利点は，自由に手に取って選ぶことができるので求める資料を確実に入手できること，求める書の類似資料を知ることができることであり，開架書架間を巡ることで思いがけない資料との出会いの可能性があることも挙げられる。しかし，建築的には，書架間隔を比較的広くとる必要があることから広い面積を要すること，サービス運用上では，利用者によって取り出し棚への戻しが行われることで体系的配列が乱されがちであること（排架の乱れ），無断持出しによる亡失が生じやすいという欠点がある。しかし，今日では優れた利点が欠点をしのぐとする評価が定着している。

閉架式は，基本的に検索手段と閲覧用座席とが並ぶ閲覧室と書庫とにより構成される。書庫には職員しかアクセスしないので排架の乱れは起らない，図書の出し入れは管理されているので亡失の可能性も低い。しかし，目録から選んだ資料の取り出し請求をしてから入手できるまでに時間を要すること（待ちの発生）が欠点として挙げられるから，建築としてはその時間の短縮を目的に，請求を受ける出納カウンターと書庫との位置関係や，職員や資料の移動経路，移動手段について検討することが必要である。また，選んだ資料を手にしてみたら思っていたものと違うということも少なくない。

安全開架式とは，閉架式の改善策として，手続をした上で利用者自身が書庫に入り自分で書架から資料を取り出して選ぶが，閲覧室に持ち出すためには記録を提出する必要がある方式をいう。資料の亡失に対する安全性が高いことから安全開架式と呼ばれる。

これらの出納システムは新刊書は開架式で，利用頻度の低下した書は閉架式でというように個々の資料ごとに，また，学部学生に対しては閉架式で大学院生に対しては安全開架式でというように利用者集団の属性ごとに決定されるもので，一つの図書館の中で必要に応じて使い分けることができる。

（5）資料の安全管理

利用者の共有資産である資料を長期間にわたって安定的に維持管理することは図書館員の責務の一つである。開架式が一般的となった今日，図書館資料の安全を図るには，一般になんらかのかたちで入退館チェックを行う必要がある。チェックは，図書の盗難防止という古い時代の図書館の考え方のなごりではなく，利用者の館内における自由な行動と高度な資料の提供を保障するための，図書館にとって不可欠な手続きと考えるべきである。しかし，利用者を疑っているとか利用意欲をそぐなど反対の声もあり，退館時にカウンターの前を通り過ぎるだけでチェックに代える略式の方法が行われる一方で，チェック・ポイントの外側にロッカー群を置き，すべての私物の預け入れを強いる方法も広く行われてきた。そのため入口近辺がロッカー置場と化すこと，カギの管理と占有化の防止に館員が煩わされることが欠点であった。しかし最近では，退館時に機械式の感知装置ゲートを通過してもらう方式が用いられるようになった。これを導入すれば，貸出・返却のつど，職員の作業手順は増えるが，鞄などの持込みを禁止する必要もなくなり，館内での行動の自由が増すなど利点が多い。わが国では1974年開館の筑波大学体育・芸術図書館での設置以降，大学図書館では規模に係わらず導入されている。近年，商業施設においても同種装置の設置例が増えていることもあり，利用心理に影響を与えないと判断され，公共図書館での導入例も急速に増加してきている。この機械による検知システムを欧米では一般的にセキュリティ・システムと呼ばれているが，わが国ではアメリカのスリーエム社で開発されたブック・ディテクション・システムがその略称のBDSとともに普通名詞として使われている。図書に貼付されたテープ状の金属に磁力を与えたり消磁することで館外への持ち出しを管理するものである。

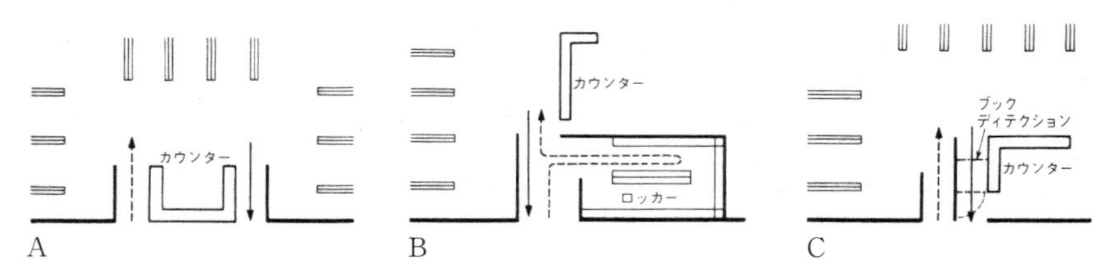

A＝入口を絞って監視を行う
B＝入口より外側にロッカーを置いて私物を持ち込ませない
C＝機械式検知装置（BDS）を使用する

4-4図　資料の安全管理の方式

（日本建築学会編『建築設計資料集成：教育・図書』丸善，2003，p.175より）

ゲートの形状が威圧的な印象を与えないものに改良されてきていることと，テープの存在が外部からはわかりにくいことで，抵抗感が軽減されていることも普及を促進している。後述（5章1節）するが，10年ほど前からテープに代わりICチップを内蔵したタグを貼付する方式を採用する館も増えている。

さて，欧米の大規模な公共図書館や大学図書館では従来から，出口のカウンターで職員が利用者の鞄の中を点検することがごく普通に行われていたが，わが国と同様の機械式感知装置を設置した上でなお，退出時の鞄チェックを継続していたり，ロッカーへの私物預け入れを義務化している図書館があることは，機械装置への信頼度とは別の，公共と個人，権利と義務に関するわが国とは異なる認識に由来しているものといえる。

退館チェック専任の職員をおく場合には出口ゲート脇にカウンターを設ける。専任者を置かない場合には，感知装置が警報を発した際に対応にあたる職員が当該利用者に容易に声をかけられる位置関係に，退館ゲートとカウンター等とが配置されていなければならない。

なお，資料管理に加えて入館者を制限する必要がある場合などには，開閉扉をもつ入館ゲートを設けIDカード読み取りにより制御を行う方式が一般化している。

また通常，入退館チェックゲートの内側をチェックゾーン，エントランスホール等外側をノーチェックゾーンと呼び分ける。

（6）職員のためのスペースの面積の拡張と質の充実

日本の図書館建築と欧米の図書館先進諸国のそれとを見学して，もっとも大きな差異を実感させられるのは，職員のためのスペースの広さと仕上げ・家具類の豊かさである。とくにヨーロッパでは，専門司書には機能的な机と収納家具が並ぶ個室が与えられることが一般的であり，ランチルームとも呼ばれる休憩室はリフレッシュや職員どうしのコミュニケーションの場として重視されている。日本に較べ，役所を含め企業等の事務室で1人あたりの割当面積が大きいこと，福利厚生のためのスペースが多様で面積も広いことが，そのまま図書館にも適応されている。その一方で，専門司書とアシスタントの処遇上の違いが明確で，一方が個室他方が共同部屋であることはあたり前と認識されていることも，日本との大きな違いである。日本の自治体などには，職員１人あたりの基準面積というものが決められていて，それが図書館にもあてはめられる。また，日本では職員の仕事を専門分化するよりローテーションを組んで全員が同じ仕事をしていくことが多いから，上記のような差を短期間に縮めることは難しいといえよう。

働く場が快適であることは職員の熱意を持続させ，職務への専念を促すことは明らかである。これから日本の図書館が，職員によるきめ細かな利用者支援サービス，知識提供サービスに力点をおいていくためには，一部の職員には個室的なスペースを与えて専門性を高い作業に集中させたり，快適なラウンジで対人サービスでのストレスを解消できるようにするなどが必要であるといえよう。具体的には，限られた面積の中で，直接サービスにあたる職員には鍵のかかる個人用キャビネットといくつかの共用の机をおくことで面積効率を上げることも考慮すべきである。そうして得られた面積を広い作業スペースとして活用したり職員用の研究スペースを設けることなどが考えられる。

（7）フレキシビリティ（融通性・柔軟性）を得るための平面計画

ある秩序に従ってつくられた空間は，家具の計画的な配置を可能とし，さらに将来の変更や模様替えにおける自由度を保障する。この秩序が基準寸法（モデュール）である。建物の柱間隔，窓，照明器具その他の設備の配置などは全体にわたってこの基準寸法に従って割り付けられる。すなわちモデュールは，図書館内部の平面計画の基となるだけでなく，建築生産の基準となるものである。したがって，汎用性の高い部材などに用いられている30cm の整数倍が基準寸法として採用されることが多い。図書館でも既製品書架の一連の幅はほとんど90cm を基準寸法としているから整合性は高い。

柱間隔は，基本的に基準寸法の整数倍であり，並行に配列する開架書架の間隔の整数倍となるように設定するのが，家具配置の自由度などの点から好ましい。

高度なフレキシビリティを追求した計画の考え方がモデュラー・プランニン

グである。この考え方は，図書出版数と来館者数の急増への対応を迫られた1930年代のアメリカで誕生したもので，機能の変化発展に追随できることかつ増改築が容易であることを主目的としている。階段やトイレなど機能固定部分を除いて，図書館全体を原則として機能を固定せず，閲覧室にも書庫にもそして事務スペースとしても使える四本の柱に囲まれた長方形ないし正方形からなる基本ユニットの連続体として構成する。部門間の仕切りは簡単に移設できるもので区切っておき，必要に応じて移設することで部門ごとの面積の融通を図る。増築も基本ユニットを増設し，間仕切り位置を必要な位置につけ替えればよい。どの機能にも不都合のない基準寸法（モデュール）を基本ユニット設計の基にすることからこの名がついた。しかし，1940年以降事例が増えるにつれ欠点も指摘されるようになった。モデュラー・プランニングでは，スペースの互換性を保障するために，基本ユニットは（事務室基準の）照明器具，（閲覧室基準の）空調条件，（書庫基準の）床にかかる荷重条件等を確保しておかねばならないから，建設費はどうしても高くなる。また，でき上がった空間はいずれの目的にも使い得るが，いずれの目的にも100％の性能を発揮しえないという多目的の適合性自体に起因する欠点を有する。また，無原則に可変性を想定することに対しても疑問とされた。

1960年代後半から反モデュラー・プランともいうべき主張が強まり，この考え方に基づく実例はほとんどみられなくなったが，1章6節で示したように，当初は事務室であった場所を書架スペースに改築したいとなった時に，床の荷重能力が制約になる可能性があるなどからも，互換性の高いスペースを基本とすることで融通性を確保するという基本的な考え方は現在でも適用可能であるといえる。

（8）ユニバーサルデザイン：UD

バリアフリーという考え方は，1960年代に北欧から始まった社会福祉の理念である「ノーマライゼーション」に伴って発生し普及した。ノーマライゼーションとは「障害をもっていても健常者と同等に普通に生活できるような社会こそがノーマルな社会である」という考え方にたち，こうした社会を実現するための取り組みをいう。具体的には①人々の意識の改革，②教育の機会均等や雇用を義務づけるなどの法・制度の改正整備，③都市と建築の整備・改修が必要とされた。この都市と建築の整備・改修がバリア（閉ざすもの＝障壁）フリー（ない）デザインという言葉で表現された。バリアフリーデザインは，その後30年の間に国や自治体の基準として取り入れられ，1994（平成6）年施行の「高齢者，身体障害者等が円滑に利用できる特定建築物の建築の促進に関する法律（通称ハートビル法）」や2000年施行の「高齢者，身体障害者等の移動の円滑化の促進に関する法律（交通バリアフリー法）」で制度化され，両法律が2006年に「高齢者，障害者等の移動等の円滑化の促進に関する法律（バリアフリー新法）」に統合されたことで，公共交通機関や都市公園から個々の建物の中まで一貫した基準への適合が求められることとなった。

しかし，障害者の自立運動から始まったバリアフリーデザインは，ややもすると誰もがイメージしやすい障害者＝車いす利用者に単純化され，段差を解消するとか，車いす利用者用のトイレを設けるなど「車いす問題」としてとらえられがちである。こうしたことから，今日ではより広い意味で使いやすさを追求するユニバーサルデザインという概念用語が用いられるようになっている。

ユニバーサルデザインとは，ノースカロライナ州立大学のロナルド・メイス（1941-1998）が1985年に公式に提唱した概念で，「ユニバーサル＝普遍的な，全体の」という言葉が示しているように「すべての人のためのデザイン」を意味し，文化・言語・国籍の違い，年齢・性別，障害・能力などにかかわらず，できるだけ多くの人が利用できるよう施設，製品，情報をデザインすることと定義され，統一略称はUDである。UDの7原則は，①誰にでも公平に利用できること，②使う上で自由度が高いこと，③使い方が簡単ですぐわかること，④必要な情報がすぐに理解できること，⑤うっかりミスや危険につながらないデザインであること，⑥無理な姿勢をとることなく少ない力でも楽に使用できること，⑦アクセスしやすいスペースと大きさを確保すること，である。

7原則から読みとれるように，図書館におけるユニバーサルデザインは，建物そのものから家具・サイン，設備・機械類そしてドアの把手などに至るまであらゆる物品がその対象となるとともに，図書館サービス自体が「すべての人にとって」使いやすいものでなければならないことを求めているから，単に建築家や工業デザイナーの目標ではなく，図書館員にとっても目標とすべき概念であり，ハードとソフトの幅広い分野でのデザインの方向性を示している。

なお，米国では2001年6月の法改正（リハビリテーション法508条）で，政府調達のIT機器と関連ソフトウエアはユニバーサルデザインでなければならないとされた。結果，例えば電子書籍端末のKindleは文字拡大機能や音声読上げ機能を標準で備えている。

4-5表 バリアフリーとユニバーサルデザイン

バリアフリー新法で求められている建築要素	ユニバーサルデザインとして図書館で一般的に考慮されている要素（左欄に加えて）
• 出入口の幅 • 廊下等の幅員，仕上げ • 階段・スロープの復員，点字ブロック • 階段の寸法・手すり・つまずき防止策 • スロープまたはエレベータの設置 • スロープの寸法・勾配・床仕上げ • エレベータの安全策 • トイレの高齢者・障害者等が使用するための措置 • 敷地内通路の構造 • 駐車場の車いす使用者用施設の措置 • 標識，案内設備までの点字ブロック	• 車イス，ベビーカーの備え付け • 対面朗読・録音室の設置 • 授乳室の設置 • トイレ内での乳児ケアの措置 • トイレ内でのオストメイト対応の措置 • AED（自動体外式除細動器）の設置 • 書架，閲覧机，カウンターの車いす利用者に配慮した寸法やデザイン • 集会室，研修室での託児室の設置

（植松貞夫，冨江伸治，柳瀬寛夫，川島宏，中井孝幸『よい図書館施設をつくる』日本図書館協会，2010，p.85をもとに作成）

5．利用部門の計画

（1）入口まわり

a．エントランスロビー

入口には外部から原則として階段なしで到達できることが良い。1階床面を敷地よりも高くしたい場合にはゆるい勾配のスロープを設ける。規模の小さな図書館では，エントランスホールを設けることをせずに，すぐに開架閲覧室へと導きたい。規模が大きい場合には，動線処理上また心理的緩衝ゾーンとしてエントランスロビーを設けることが必要になる。ロビー内に，館の案内，新着図書の案内や行政情報などの掲示スペース，市民の作品などの展示スペース，場合によっては談話スペースや喫茶コーナーなどを設けることは，親しみやすさや集客力の増加につながる。不要な鞄や上着などを預けられるロッカースペースを設置することも一般化している。カギ付きの傘立てを十分な数だけ用意するためにはかなりのスペースを必要とし，カギの管理や放置された傘の処理など煩わしいことが頻発することから，傘をビニール袋に入れて館内に持込みとする方法も行われている。

集会室等を設ける場合には，特に集会の終了後の人の流れに伴う騒音が閲覧室内の利用者への支障になりやすいから，エントランスロビーを設けて利用者の流れを分離する必要がある。とりわけ閉館後にも集会室の使用を許す場合には，閲覧室と区画できるこのロビーは不可欠である。

管理上の見地から，エントランスホールからチェックゾーンである開架閲覧室への利用者用の入口は１箇所とするのが良い。

b．ブックポスト

閉館・休館時に図書の返却ができるように，外部に自立式の箱を置く形式から，建物に投入口を設けて館内に回収箱を置く形式になってきた。さらに，開館中であってもブックポストへの返却を許す館も増えてきている。設置に際して留意すべきは以下の４点である。

①投入口の位置……利用者の目に付きやすくかつ便利な位置に設ける。自家用車で返却だけに来る人にも好都合な場所であること。

②回収箱の容量……回収箱があふれて返却できないと，返却にきた利用者は図書を館外に置いていってしまうことがあるので，年末年始などに連続して休館する期間中に職員が回収箱を交換するために出勤するという館もある。

③防火対策等……火のついた紙を投げ入れられるなど，万が一の際に延焼しないよう防火性能をもつブックポスト室として設置することが良い。また，雨が吹き込まないように庇（ひさし）をつけるなどする。

④回収箱の搬送ルート……利用者動線との交差がないなど，ブックポストから返却処理スペースまでの距離と経路に留意する。

投入口と自動返却・仕分け装置（後述）とをベルトコンベアなどで連結する新しい方式をとる館（長崎市立図書館など）も出てきている。この方式を採用すればドライブスルー型ブックポストも成立する。

また，搬送車の運行が必要になるが，利用者の便を図るため，駅前にブックポストを設置している立川市立図書館や新座市立図書館など，ショッピングセンターの駐車場に設置した出雲市立ひかわ図書館の例のように，図書館の敷地と離れた位置に独立して置くこともある。

c．風除室など

入口が開放的で出入りの頻度が高いと，扉が開いたままとなり外気が流れ込んでくる。風除室は扉を二重に設けることにより，室内の冷暖房の効果を損なわないように，また風雨やほこりの侵入を防ぐために設ける。扉と扉の間隔を十分にとり，通過に際しいずれか一方の扉が閉まっているようにすることが基本である。人の出入りが頻繁であると風除室が用をなさないこともあるため，空気の流れを遮断するエアカーテンを装備したり，入口付近に補助的な冷暖房を設けることも考慮する必要がある。また，傘立てや掲示・展示などで風除室近辺が雑然とした印象を与えないように注意する。

自動回転式扉は風除室を兼ね外気の遮断に関しては効果が高く，大型のものは多人数や車いす使用者の通行もでき，欧米では公共図書館でもよく用いられているが，国内では2004年の人身事故以降，図書館に限らず採用例が少ない。

(2) 開架閲覧室

小規模図書館では，開架閲覧室は図書館のすべての要素を包含する空間である。一般から児童までの利用者が図書を選んで借り出すことができる開架書架主体のワンルームに，新聞や雑誌を読む軽読書コーナー，若干の読書席コーナーなどを設ける。レファレンスを含む総合的なサービスのためのカウンターと職員の事務・作業机も同一空間内で大きな支障は生じない。

大規模図書館の開架閲覧室でも，将来の内部機能の変更に備えるなどの目的から細かく部屋に分割せずに，柱や固定の壁の少ない大きなワンルーム空間を家具のレイアウト等により分節化することで形成するのが良い。分節化の方法は一般成人，児童，ヤングアダルトなど主な利用対象者別を基本とし，一般成人部門では ⓘ図書，雑誌・新聞，視聴覚資料など資料の形態別，ⓘⓘ人文科学，社会科学，自然科学・工学などや地域・行政資料など資料の主題や内容別，ⓘⓘⓘ主に貸出に供されるポピュラーな資料（フィクション）と調査・研究に利用される資料（ノンフィクション）など，資料の利用のされ方に応じてなどの例がある。さらにⓘⓥ「暮らし」「環境」など特定のテーマを設定してNDC分類によらず関連資料を集めたコーナーを形成する方式もある。このいずれかまたはその組み合わせを採用するかは，図書館の運営方針，排架すべき資料数，資料の内容，面積，階構成，利用者の特性などから決定されるべきである。

a．開架閲覧室の類型

開架閲覧室の基本的構成を本と人とのかかわりを基準に分類すると4-6表のように分けられる。

①は壁に固定された書架が広間に並ぶ座席を取り囲む方式で，資料数が少なく座席を多く配置したい場合に適する。書架に囲まれた図書館特有の雰囲気となる。16世紀のバロック期に起源をもつ大広間型閲覧室が原形で，閉架式主体の図書館の小規模閲覧室や，たくさんの座席を並べる大学図書館などで設けられてきた。難点は採光であるが，屋根窓から採光するトップライト（天窓）や壁上部に窓を設けるハイサイドライトなどによって演出された求心的な空間とすることができる。1857年に開室した大英博物館図書館円形大閲覧室を始めとしてストックホルム市立図書館（1928年完成）など，欧米ではこの型の優れた閲覧室を数多くみることができる。②は①から，くし型書架がつき出した形である。教会堂のようにアルコーブが並ぶことから僧院型とも呼ばれる。書架から取り出した本をすぐに座席で利用することができるから，特定領域の図書を集めた閲覧室でさらに分野や著者ごとにコーナーを形成するなどといった造り方に適する。しかし，利用者が多いと，座席で読書している人は接架し本を探す人に邪魔され，逆に本を探す人は着席している人に気兼ねしなければならないなど，使い方が難しい。資料数に比して利用者が少ない特殊な閲覧室向きで

4-6表　閲覧室の類型

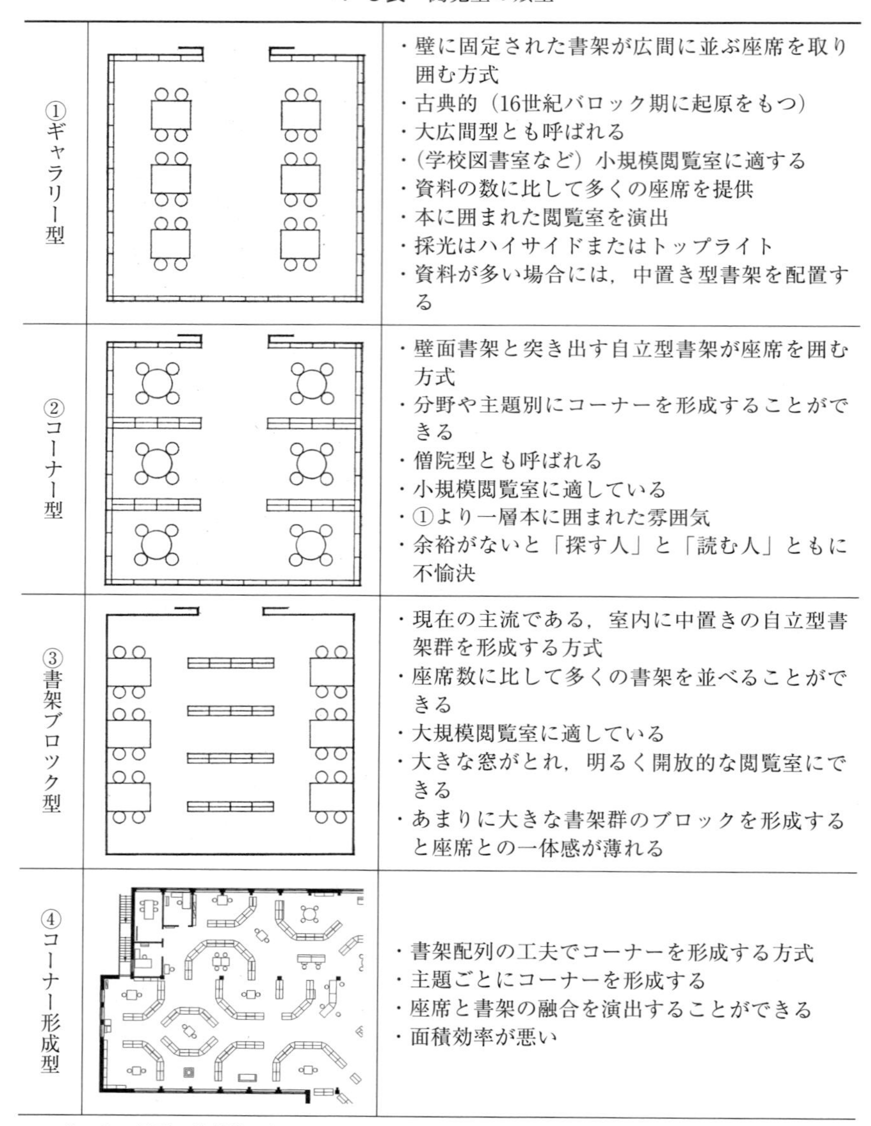

類型	図	特徴
①ギャラリー型		・壁に固定された書架が広間に並ぶ座席を取り囲む方式 ・古典的（16世紀バロック期に起原をもつ） ・大広間型とも呼ばれる ・（学校図書室など）小規模閲覧室に適する ・資料の数に比して多くの座席を提供 ・本に囲まれた閲覧室を演出 ・採光はハイサイドまたはトップライト ・資料が多い場合には，中置き型書架を配置する
②コーナー型		・壁面書架と突き出す自立型書架が座席を囲む方式 ・分野や主題別にコーナーを形成することができる ・僧院型とも呼ばれる ・小規模閲覧室に適している ・①より一層本に囲まれた雰囲気 ・余裕がないと「探す人」と「読む人」ともに不愉決
③書架ブロック型		・現在の主流である，室内に中置きの自立型書架群を形成する方式 ・座席数に比して多くの書架を並べることができる ・大規模閲覧室に適している ・大きな窓がとれ，明るく開放的な閲覧室にできる ・あまりに大きな書架群のブロックを形成すると座席との一体感が薄れる
④コーナー形成型		・書架配列の工夫でコーナーを形成する方式 ・主題ごとにコーナーを形成する ・座席と書架の融合を演出することができる ・面積効率が悪い

＊その他，円形，放射状がある

（植松貞夫，木野修造『図書館建築：施設と設備』樹村房，1986，p.106をもとに作成）

ある。③は最近の閲覧室では主流といえるもので，壁面書架を設けず全て中置きで書架群を構成し，座席は明るく開放的な窓際に設ける。座席数と書架数とは基本的に独立で考えることができる。あまりに大きな書架群を形成すると座席との一体感が希薄になりがちであるから，適宜ブラウジングスペースを設ける必要がある。④は座席と書架とを渾然一体と配置する種々の試みの一例である。資料を探し回る動的な開架書架部分とできるだけ静かな場所でありたい閲覧座席スペースをいかに融合させるかが課題である。書架の配置にはその他に，放射状に配列したり，同心円状に円弧を形づくる，１点を中心に３本の書架連を120°の角度で展開するなどの例がある。

b．書架ブロック型閲覧室における開架書架スペース

書架レイアウトは図書館の使い勝手を左右するから，資料排架計画との整合を図り慎重に検討する必要がある。収納効率のよい高書架，見通しを与える低書架を適宜交えたレイアウトを基本とし，書架間隔は資料種別・内容，書架間に滞留する利用者数，連の長さなどを勘案してゾーンごとに適宜選択する。

両面から使用する書架を複式書架という。複式書架を並列配置する場合，通路の幅に両側の書棚の奥行きを加えた書架の芯々距離を書架間隔と呼んでいる。つまり書架間隔から書架幅を引いた値が，人が動き回れる有効通路幅である。書架間隔は利用者の使い勝手と職員の働きやすさ，単位面積あたりの図書の収蔵力，開架室の雰囲気そして柱の間隔など建築の設計までを左右するものであるから，これを設定するにあたっては慎重な検討が必要である。

書架間隔を決定する第一のポイントは通路部分で主にどのような行為が行われることを想定するかである。小説・エッセーなどポピュラーな図書を並べた書架列の間には，多くの利用者が立ち止まりその背後を別の利用者やブックトラックを押した職員が通ることができる間隔が必要である。利用者の滞留の少ない書架では書架間隔は狭くても支障はない。したがって同一の閲覧室内で複数の書架間隔をとることもあり得る。第二は使用する書架の形状である。書架の奥行きが深ければその分有効通路幅は狭くなる。下段が突き出している書架も同様である。第三は書架の連数であり，長く連結する場合には，書架間隔を広く設定する方が使い勝手は向上する。

4-7表 書架間隔と書架間における行為

書架間隔（m）	適用箇所	書架間における利用者・館員の行動など
1.2	閉架実用最小	最下段の資料を取り出す際には膝をつく
1.35	閉架常用	最下段の資料を腰を曲げて取りだすことができる
1.5	利用者の入る閉架 開架実用最小	接架している人の背後を自由に通行できる
1.65	開架実用	接架している人の背後をブックトラックが通行できる
1.8	資料数の多い開架常用	人と車椅子（幅約80cm）がすれ違うことができる
2.1	利用者の多い開架	車いすどうしでもすれ違うことができる
2.4	利用者の多い開架	下段が突き出している書架を使用できる

（植松貞夫，木野修造『図書館建築：施設と設備』樹村房，1986，p.107より）

c．閲覧座席スペース

閲覧座席は一か所にまとめて設けるのではなく，さまざまな場所に，いくつかの形式に分散して配置し，利用者の利用目的や好みに応じての選択ができるようにする。

開架書架群の中をあちこち移動しながらさまざまな本を拾い読みすることをブラウジングといい，そのために設ける場所をブラウジングスペースという。

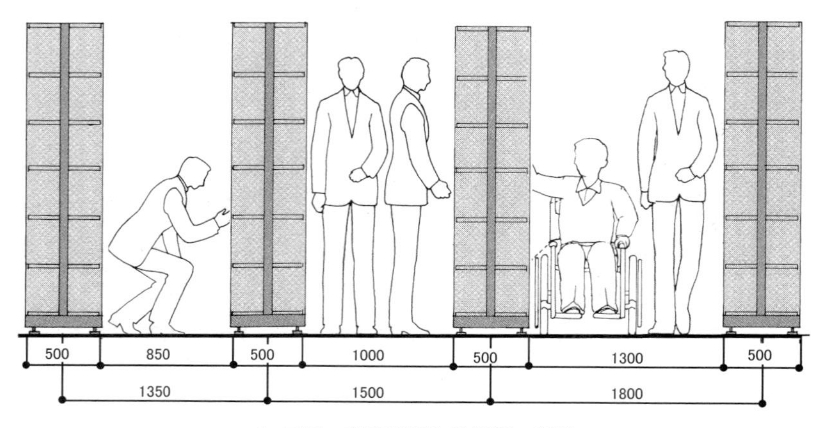

4-5図 書架間隔と書架間の通路

（『公共図書館の計画と建設の手引』日本ファイリング株式会社，1999，p.18-19より作成）

書架の側面にそってスツールを置くことや書架間に適宜ソファやベンチを挿入することなどにより，書架から取り出した本をすぐに読めるようにするのがよい。

d．資料検索専用パソコン

資料検索専用パソコンの利用のされ方には，入口近辺で求める資料を検索し目的の書架へと向かう利用と，開架書架群の中で求める資料が見つけられないとか他の資料の閲覧中に新たな資料を求めて検索を行う利用との，大きく二つのパターンがある。したがって資料検索専用パソコンは入口近傍と開架書架群や座席群の中とに分散して配置するのが合理的である。

e．新聞・雑誌スペース

新聞およびポピュラーな雑誌のスペースは，館内でもっとも多くの利用者がある場所といえる。これを，開架閲覧室内の環境の良い場所，例えば窓外の緑が眺められる所に設ける場合と，利用者が多いことから入口に近い位置に配置する場合とがある。後者の場合には，その魅力的な雰囲気を通して外を通る人々を引き付ける役目を果たすこともできる。大規模館である新潟市立中央図書館のように，利用者の集中を避けるため，新聞のスペースと雑誌のスペースを別個に設けることも考えられる。ソファなどを置きくつろいだ雰囲気で利用できるようにすることを基本とするが，大きなテーブルや　拡大読書器を備えた席，研究的利用者用に個人席を置くなど，多様な利用形態に対応できるようにするのがよい。

なお，大学図書館ではとくに欧米系の学術雑誌の多くが電子ジャーナル化された結果，それらの冊子体を購入しない館が増えてきていて，雑誌スペースの利用度が低下してきている。同様に，国内ではインターネットの普及に反比例して雑誌の種数と発行部数が減少してきているとの報告もあり，公共図書館での購入雑誌種数が現状以上に増加することは考えにくい。

f．参考資料，地域・行政資料コーナー

調査研究のための参考資料と専門雑誌，地域・行政資料，地図等を排架する。静かに調べものに専念できる環境とする。研究個室やグループ研究室を設けることも考慮する。レファレンスコレクションの規模は最低5,000冊程度から2

万冊程度であることが多い。これらを独立した部屋（レファレンス室あるいは参考調査室など）を設けるか開架閲覧室内のコーナーとするかは館の方針によるが，静粛度の高い閲覧室を兼ねて設ける場合でも，他の資料群とのつながりが切れないように配慮する。

レファレンスデスクは，利用者の目につきやすい位置に配置し，利用者の相談・質問に答え，調査・研究の支援をするとともに，利用者と向き合って資料を広げたり，パソコンでCD-ROMやインターネットが利用できる形態とする。レファレンスサービスはレファレンスコレクションだけを使ってなされるものではないから，レファレンスデスクは，館内の各所に複数設置することが望ましい。

コピー機やプリンターは騒音を発生するので遮音の仕切りを巡らしたブースを設ける。

❶研究個室　研究や調べものに専念したい利用者が一定時間ないし一定期間にわたって，専有利用できる個室である。大学図書館では施錠できる部屋とし，教員や大学院生，卒業研究生など利用者限定で貸与する例が多い。また，研究個室を数日の単位で貸与する場合には，利用する図書資料について貸出手続をして個室内で専有利用させる方式もとられている。公共図書館では時間単位が一般的であるが，部屋に荷物を置いて資料を探索に出ることもあるから，防犯上，施錠できることが望ましい。館種を問わず，職員や他の利用者から見られる可能性のあることが室内でのルール違反行為の誘惑を抑制するから，扉や仕切り壁にはガラス面を大きくとり他者が内部を容易に見られるようにする。パソコンの使用と携帯電話を含めある程度の発話は容認されるべきであるから，吸音・遮音に留意する。吸音・遮音性を高めるためには気密性の高い完全な個室とし，個別に照明と空調設備のスイッチを設ける。公共図書館では，完全な個室にするまでもないとして，扉や間仕切り壁の上下を開けて閲覧室の空調された空気が循環するようにした，扉の付いた研究ブースともいうべき研究個室を設ける例もある。この場合には音は遮断できない。個室内には電源コンセント，本棚，コート掛けなどを備える。

❷グループ研究室　グループ単位で会話しながら課題にとりくむ部屋で，共

同研究室あるいは大学図書館では少人数用の教室としても使用されるからセミナー室なども呼ばれる。読書会や図書館資料を用いた討論などが行われるからとくに遮音に注意する。映像用のプロジェクターとスクリーンを備えることは必須となっている。この部屋も内部の利用状況を掌握できるよう個室と同様にガラス入りの扉などにする必要がある。

g．視聴覚資料コーナー

ビデオ，CDなどの視聴覚資料はマイクロ資料などとまとめてコーナーを形成することが多い。しかし，資料のマルチメディア化への対応として，これらを主題別に分けて他の資料と混配させるとともに，再生機器についてもそれに応じて適度に分散配置するのが良いとする考え方もある。

コーナーを設ける場合には，視聴覚資料を陳列する家具とこれらを視聴するためのブース群とで構成する。提供方式にはⅰ展示架には空のケース等を並べてカウンターでの出納を伴ういわば閉架式，ⅱこのコーナーまたは図書館の出口に検知ゲートを設けることを前提に実物を展示架に並べるいわば開架式，および館内での利用に限定してⅲ自動送りだし装置（4-8図）に納める方式がある。ブースでの視聴には①カウンター内に再生装置を置く送りだし方式，②利用者に再生装置を操作させるセルフサービス方式，そして③自動送りだし方式がある。いずれの方式をとるかは管理のしやすさ，職員の作業量，予約方式の運用のしやすさなどを勘案して決定する。

また，借り出す資料を短時間だけ試視聴したいという利用者用のために専用のコーナーを設けることも考えられる（4-9図）。

h．青少年コーナー（ヤングアダルトコーナー）

児童スペースの延長と位置づけるか，一般開架への入門と位置づけるかで館内における位置は異なるが，後者の方が一般化しつつある。特に設けないとする考え方もある。専用の領域を設ける場合には対象者にふさわしい資料と座席を用意する。閲覧席のほかにグループで会話のできる室を設けるなどサロン的な要素を加えることも考えられる。

i．インターネットサービス・コーナー

インターネットサービス提供館が増えてきている。現時点では数台をカウン

ターの前やごく近傍に設置している館が多い。予約と利用状況の把握がしやすい，不適切なサイトへのアクセスを監視しやすい，利用者に助言しやすいなどがその理由とされている。また，設置テーブルはパソコン１台が乗るだけの広さのものが多く，活字資料を広げながらインターネットも利用できるという環境を提供している館は少ない。

これからの公共図書館が，市民の調査研究に資することに重点をおくためには，館内に多数のインターネット接続パソコンを分散配置して，活字資料を閲覧している過程でインターネットからも情報を得るといった利用ができるようにすべきである。その際には画面のプライバシーに配慮した設置や活字資料との併用に適した広さの机など利用環境に注意する必要がある。

また，今後は，インターネット利用に習熟した利用者が増加するであろうか

4-6図　視聴覚サービス専用カウンター
奥にブース用の再生装置

4-7図　視聴ブース

4-8図　自動送出し機

4-9図　試視聴コーナー

ら，館が提供するパソコンは初心者用および短時間利用者用として手助けしやすいカウンターの近くなどにまとめて配置するとともに，調べもの利用者には自身が持込むパソコンを接続できる環境を用意することが適当といえる。

ｊ．視覚障害者スペース

入口からわかりやすく，行きやすい位置に，視覚障害者のための大活字本や録音資料，点字資料などの資料と，利用座席のスペースを設ける。対面朗読室（近年は音訳サービス室と呼ばれることも多い），録音室（対面朗読室と兼用も多い），点字用パソコン・プリンターを備えた作業室を設ける。対面朗読室にあっても外部の光がとり入れられる位置とする。

ｋ．読書室

静かな部屋で長時間の読書をしたいという利用者は増加している。従来は館内全体に静粛さを求めていたが，今日のように常に多数の在館者がいる館内には常時一定の騒音があると考えた方がよい。そのため，北欧などでは静粛さを求める人が利用する読書室と呼ばれる区画された部屋を設けている例が多い。

ｌ．ラーニング・コモンズ

2006（平成18）年以降，大学図書館にラーニング・コモンズと呼ばれるスペースを設けることが普及してきている。言葉の意味としては「学習のための共用の場所」であるから，広義でいえば，大学および図書館そのものがラーニング・コモンズであるが，アメリカの大学に倣い，図書館内等に設けられる特定のスペースを指す。文部科学省は2010年12月公表の資料の用語解説で，「複数の学生が集まって，電子情報も印刷物も含めた様々な情報資源から得られる情報を用いて議論を進めていく学習スタイルを可能にする「場」を提供するもの。その際，コンピュータ設備や印刷物を提供するだけでなく，それらを使った学生の自学自習を支援する図書館職員によるサービスも提供する。」としている[1]。

どのような場をラーニング・コモンズと名付けるかは図書館によって異なる

1：科学技術・学術審議会学術分科会研究環境基盤部会学術情報基盤作業部会．“大学図書館の整備について（審議のまとめ）－変革する大学にあって求められる大学図書館像－”．国立国会図書館 Web サイト．2010-12．PDF．http://www.janul.jp/j/documents/mext/singi201012.pdf，(参照2013-10-10).

が，上の用語解説にみるように共通する要素は以下の３点である。ⓘグループでの討議や友人間での教え合いなど会話が可能な場所であり，移動可能な机や仕切りが置かれ人数や目的に応じた場が形成できる，ⓘⓘ館が提供するパソコンおよび利用者持参のパソコンを用いたマルチメディアでの学習が可能な場所である，ⓘⓘⓘ利用者の課題解決のための資料・情報の収集からレポート作成そして他者へのプレゼンテーションに至るアカデミックスキルの向上を支援する図書館職員ないし委嘱された専属スタッフが常駐するサポートデスクを備える。

これまでも，一グループのみが独占するグループ学習室とは別に複数のグループが同時に在室する共同利用型の広いグループ学習室を設ける大学図書館があった。そこでは，お互いの会話などの騒音は容認され，グループ人数に応じて机のレイアウトを変更することも許されている（ⓘの要件）。そして室内では古くはタイプライター，現在ではパソコンが自由に使える（ⓘⓘの要件）。したがって，共同利用型グループ学習室とラーニング・コモンズとの違いは，図書館のサービスとして位置付けられたⓘⓘⓘの利用者支援機能の存在にあるといえよう。とはいえ，大学図書館ではレファレンスデスクを設け，学生の学習を支援するサービスを提供してきているから，ⓘⓘⓘもことさら目新しいものではないともいえる。

ラーニング・コモンズの新規性は，教員が学生に知識・技術を伝達することから，それを踏まえた上で，学生が自ら課題を発見し主体的に学ぶことを重視する方向へと大学教育の目標の大きな転換が望まれている時代にあって，図書館がレファレンスデスクのような「待ち」の設備ではなく，スペースを設けその利用を積極的に働きかけるなど，教育組織と連携して学生の主体的な学習のためのスキル獲得を支援する姿勢を鮮明にしている点にあるといえる。

求められる建築的配慮としては，①明るく開放的で入りやすい雰囲気をもたせること，②プレゼンテーションを含めた多様な学習スタイルの開発を触発するようなさまざまな家具・設備を設置できるよう十分な面積を確保すること，③図書館の有する印刷資料とインターネット上の電子的情報資源との併用ができる環境とすること，④館内の静かさを求める場所とは遮音できること，である。

（3）児童スペース

a．基本

児童図書館部門を区画された部屋として設けるか否かは図書館ごとの判断による。独立した専用室であれば子どもらしい雰囲気をもたせた部屋とすることができるし，ある程度の騒音は容認される。逆に一般開架と一室形式とすれば，将来の改変に対する空間の融通性が高くなる，移行期の子どもたちや親子連れの利用に好都合などが利点である。しかし，児童はやはり騒音を発しやすいから，入口から成人部分を通らずに行ける位置に，レファレンススペースなどとは離して配置する，上部に吹抜けを設けないなど騒音の拡散に対する配慮が必要である。

児童スペースは幼児から中学生程度まで幅広い年齢層の利用者があり，体格と利用対象とする資料の差は大きい。例えば，絵本の利用者の4歳と6歳，読みものに関心をもつ9歳，調べ学習の12歳の男児そして幼児を伴う父親の40歳男性の身長を比較すると，100cm，116cm，134cm，152cm，172cm である。

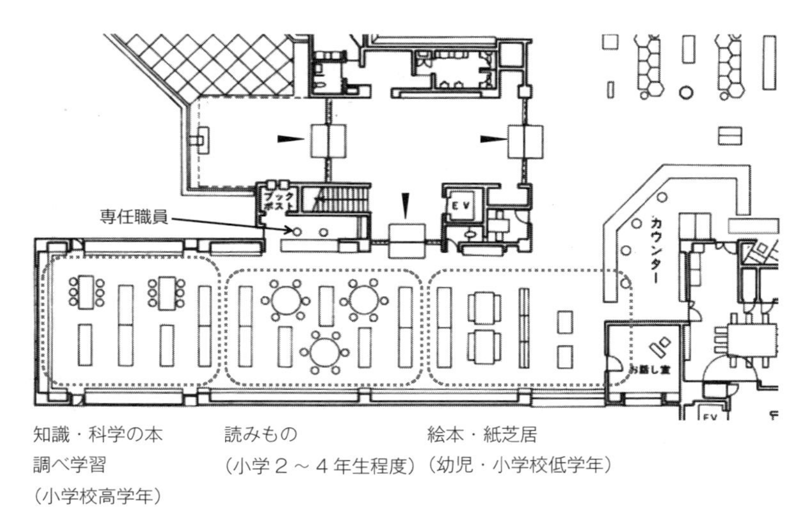

4-10図　望ましいゾーン構成の例（浦安市立中央図書館児童部門）

したがって，資料は絵本・紙芝居，読みもの，知識の本・学習資料系の３群程度に分けて，それぞれにふさわしい形状の書架などと，利用対象者の体格に調和した机・椅子を配置する（4-10図）。なお，絵本・紙芝居ゾーンでは親子連れへの対応も考慮する。さらに，家族揃っての来館の増加に伴いベビーカーに乗せられた乳児の存在やその移動についても考慮する必要が生じてきている。

ストーリーテリングなどお話し会用のスペースを，遮音できる専用室とするか利用する時だけ可動間仕切りなどで仕切るコーナー方式とするかは，それぞれに利点があり，個々の図書館のサービス方針に基づき選択すべきである。専用室であれば子どもたちが集中しやすいとされ，暗転化したりカラー照明をつけたりの空間演出もできる。専用室を設けた場合，使用しない時間帯に扉を開けて利用してもらうか，施錠するかは館の方針次第である。なお，お話し会は予告したり日にちを決めて定期的に行うものであるから，専用室であれそのときだけ使う会議室等であれ，児童室・スペースと離れた位置にあっても支障はない。

児童部門には全体が見通せる位置に，専任の職員のためのデスクを設ける。

児童用の便所は幼児から小学校低学年程度を対象として，上記のデスクの近傍に専用で設けることが望ましい。

いくつかの図書館では隣接させて児童書を研究する成人のための室またはコーナーを設けている。児童図書研究室は，文字通り児童図書について研究する成人のための閲覧室で，子ども，子どもの本，子どもの文化に関する図書や雑誌を揃える。必ずしも児童室・スペースに隣接している必要はないが，多くの関連資料が排架されていたり実際の利用状況などが見られるから，児童スペースに近い方が好都合とされている。

b．学級訪問対応スペース

館内に学級単位での調べ学習利用に対応する学級訪問対応スペースを設ける例が出現してきている。１学級規模の児童・生徒が一度に図書館のオリエンテーションを受けたり，調べ学習ができる机および白板や映写設備など関連機器を備える。夏休み期間中などには児童向けの各種プログラムを行う場所としても使用される。

（4）閲覧部門のその他

a．自習室

高齢者から幼児までが来館目的によって選択できるような多様な閲覧空間を備えた図書館は，多くの利用者から支持されているが，季節や時間帯によってはほとんどの閲覧机が自習目的の学生に占められてしまうとの苦情も聞かれる。また，生涯学習時代になり資格取得のために図書館で受験勉強に取り組みたいとする社会人も増えている。そのため，面積に余裕がある場合には，専用の自習室を設けそこに受け入れることで，一般利用者の座席を確保する自習者分離方式をとる館が増えてきている。閲覧室とは入口も別に設けた専用の自習室とする方法のほか，ドアや通路の設け方を工夫することでチェックゾーンの切替えを可能とし，平日の午前中などは静かな読書室，パソコン使用室，社会人の自習室などとしても融通使用できるようにした例もある。

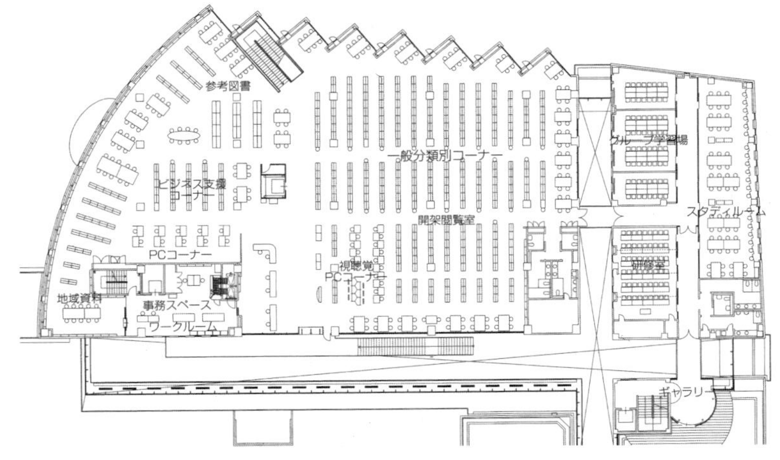

4-11図 多様に利用可能な学習室の設け方（長崎市立図書館）[2]
2007年開館，長崎市立図書館２階
（「特集：図書館の計画と設計2008」『近代建築』近代建築社，2008，vol.62，no.4，p.98より）

2：右端の自習室（スタディルーム）は扉の施錠と開放によって，下側の階段・エレベータ経由によるノーチェックゾーンとしての運用と，館内中央通路経由のチェックゾーンエリアとしての運用とが可能。スタディルームと廊下を挟むグループ学習室，研修室も同様。

自習目的で訪れた学生にも適切な資料を提供することは図書館の任務であるから，席利用だけでなく，資料利用に誘導するような位置と雰囲気をもたせることが要件である。

b．公開書庫

ある程度利用度の低下した資料のために，利用者の自由なアクセスを許す公開書庫を設けることが一部の図書館で試みられている。浦安市立中央図書館の「本の森」が代表例である。これにより，広い書架間隔が必要な開架書架には利用頻度の高い資料だけを並べることで必要面積の縮小を図り，同時に閉架書庫からの出納量を軽減させる効果が期待できる。

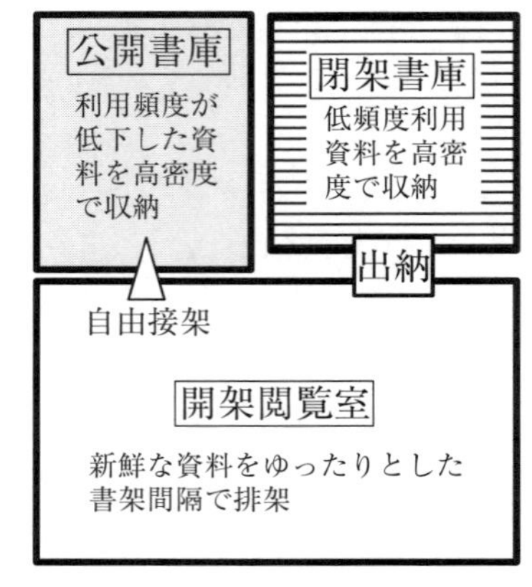

4-12図 公開書庫

(5) 開架閲覧室の床

a．一般的な床仕上げ

閲覧室の床仕上げは，歩行音が発生しない軟らかな床または清掃しやすくブックトラックの走行性のよい硬い床，この相反するいずれかを選択することになる。カーペットなど繊維系床材は，吸音性があり多くの人が動き回る開架閲覧室の騒音レベルを下げる。また，地震時の書棚からの本の落下にも適応する。断熱効果があり省エネ効果も期待できる。通行量が多いところほど消耗や変色が進行するから，部分的に交換や補修できる50cm角程度に切断されたタイルカーペットとするのがよい。硬い床材にはエントランスホールなどで用いられる石や磁器タイルもあるが，Pタイルと通称される塩化ビニル樹脂などプラスチック系床材が代表例である。30cm角に加工され接着材で張りつける。耐久性や耐摩耗性に優れ清掃も容易であり価格も安い。しかし水に濡れるとすべりやすい。その歩行音の発生や歩行時の質感を改善したリノリウム系，アスファルト系，ゴム系など弾性床材と呼ばれるタイル類も普及してきている。とくにリノリウムは抗菌性と帯電防止効果（静電気トラブル防止）が高い。質感や見た目が好まれ多くの図書館で使われている木質系フローリングは硬い床の類で，素材，厚さ，下地の組み方などでさまざまだが，一般に歩行音とすべりやすさの点で問題があり，良質のものは価格も高い。低価格の合板系は女性の鋭いヒール靴で傷がつきやすいなど耐久性や耐摩耗性に弱点がある。

児童部門では，子どもはしばしば床に直接座りこむことや騒音発生を抑え吸音性も期待できることから，軟らかい床が望ましいが，ホコリや細菌を原因とするアレルギー性疾患などを考慮すると繊維系は選択しづらい。幼児や児童のために一段床を高くしてそこにカーペットを敷いたコーナーを設け親子での読書や遊びの場としている図書館は多い。乳児をその場に寝かせているのを観察したこともある。靴を脱いであがる場所とはいえ清潔に保たれているのであろうか。一時期床のカーペット敷きが推奨された学校建築では，清潔性の心配から今では繊維系床材の使用は大幅に減っている。このようなことから弾性床材からの選択となるが，コルクタイルも選択肢である。自然素材であるコルクタイルは温かみがあり軟らかい。清掃性はよいが，重いものを長期間置いておくと凹み痕が残ってしまう。

閲覧室の床のつくり方は直床式と二重床式とに大別できる。直床式は構造体であるコンクリートの床（これを床スラブという）に直接Ｐタイルを張るなどの仕上げをする。仕上げ材によっては硬い感触の床になり，転倒時の危険性が高くなる。また，スラブ表面の均(なら)し精度が悪いと，でこぼこがそのまま仕上げ面に反映されてしまうこともある。二重床式は，床スラブの上に支持材を立てその上に合板などで下地材をつくり仕上げを行う方法である。下地を構築する分コストは高くなる。また，１階床スラブから２階床スラブまでの間隔（これを階高という）がその分狭くなるので，直床式と同じ天井高を確保するには階高を高く設定する必要があり，これもコスト増につながる。しかし，床下にスペースができるから，そこを床下配線や配管および床吹出し方式（５章２節）の空調空気の経路として使用できるし，下階への遮音性の向上が期待できる。

b．OA フロア（フリーアクセスフロア）

OA フロアは二重床式の一つである。OA はオフィス・オートメーションの略である。オフィスに限らず，図書館の閲覧室や事務室では，インターネットの利用や業務処理に多くのパソコンが使用されている。これらには電源線と通信線が不可欠であり，それも家具レイアウトの変更や機器の増設への対応から自由な位置で接続できること，ブックトラックや人の通行に支障のないよう配線が床をはい回ることがないことが求められる。二重床の床下に，電話線，電源線，通信ケーブルを収納するとともに，自由な位置で床下地材に穴をあけてコンセントを設置したり配線を床上に引き出せるようにしたのがOAフロアである。自由な位置で配線に接続できることからフリーアクセスフロアとも呼ばれる。

高さ4ないし5cmの四つ足の台（50cm角程度）を敷き並べて床下地材とするのを簡易フリーアクセス方式（置敷きタイプ）という。材質は軽量コンクリート，スチール，アルミ，プラスチックがある。仕上げ材は部分的に剥がせることが望まれるからタイルカーペットが一般的である。床スラブ上に高さ20～50cmの支持脚を立て並べ，それに50cm角の床パネルを乗せて固定するのが本格仕様であり，この床下間隔があれば空調空気の経路として利用できる。材質はスチールかアルミであり，こちらもタイルカーペット仕上げとすることが多い。ホコリを嫌うコンピュータ室ではPタイルも使われる。

書架スペースは直床式とし座席スペースはOAフロアにするなど混用することもできる。この場合には，両方の床を段差なく仕上げるため，OAフロア部分はその高さだけ床スラブを低くつくるなど施工手間がかかる。また，新築の場合はもとより，既存図書館の直床式閲覧室あるいは事務室をOAフロアに改修することもできる。その場合には置敷きタイプが適当であり，廊下からの入口などには段差解消のスロープを設けなければならない。

c．直天井と二重天井

天井のつくり方にも二通りある。直天井は上階の床スラブの下面を天井として仕上げる方法である。照明器具や空調空気の配管と吹出し口，火災感知器などは露出で天井から吊り下げるから，後々の位置の変更は制約される。二重天井はスラブの下に下地材を吊り下げて天井板を張るなどして仕上げる。天井板の一部を掻きとって照明器具や空調吹出し口を設置する。吸音板を張って吸音性をもたせたりルーバーを張って光天井とすることができる。この吊り天井とも呼ばれる二重天井は，東日本大震災で天井板全体が下地材ごと落下する事故が多発したため，2013年８月から建築基準法施行令で脱落防止策が強化された。

（6）集会部門

a．集会室・研修スペース

集会部門は，自発的な生涯教育とその創造的活動とを援助するという図書館本来の活動の一環として設けられるものであり，館が主催する各種の催しや講座，市民団体の学習会や講習，研修などの場として設けられる。公民館との関連もあり，地域館などの場合には必ずしも不可欠なものではないともいわれるが，実際には図書館サービスが活発化するにつれ，利用者ニーズが多様化して集会室的な場は必ず必要になってくるから，地域住民に提供される集会室はすべての地域館に設けられることが望ましく，中央図書館の場合には，主に全域的な利用を想定して設ける。

具体的な室・スペースの構成は館ごとに異なるが，多目的に利用できる視聴覚ホール，複数の集会室・研修室そして展示室などであり，トイレや湯沸かし室，倉庫などを付設する必要がある。利用者のグループでの図書館資料を活用した活動のためにグループ活動室をこのゾーンに設ける例も増えてきている。また，図書館の集客力の大きさ，来館者の多様性から，市民の生涯学習の成果発表の場としての展示スペースの有効性が認識され，その設置例も増えている。

視聴覚ホールを設ける場合には，収容人数規模と映写機器などの設備内容について，開館後に図書館の運営上の負担とならないよう，周辺の類縁施設での設置状況なども勘案して慎重に決定すべきである。大規模なホールの場合には，乳幼児連れの来場者のためにガラスで仕切られたいわゆる「家族室」を付設したり，集会室を託児室として使うなどが一般化してきている。

集会部門の平面計画にあたって注意すべきは，利用者動線の問題である。一般に，集会部門はいわゆるノーチェックゾーンに配置すべきである。特に大きなホールや集会室を設ける場合には，集会の前後に多数の人の流れに伴う騒音が発生しがちであるから，閲覧部分との動線の分離は欠かせない。また，開館時間中に限らず閉館後や休館時にもこれら諸室を利用できるようにするためには，エントランスホールから独立した動線を持つことが望ましく，冷暖房も単独で運転できるようにしたい。

小集会室で図書館の資料を利用した読書会を行いたい，集会終了後の閲覧部門の利用を促したいなどの理由から，集会部門から開架閲覧室へ直接出入りできる利用者用動線を設けることがあるが，ここにチェックの要員・設備を配置しなければならないことになり，実質的に使用禁止となってしまっている例が少なくないことを指摘しておきたい。

b．ボランティア・ルーム

図書館ボランティアの活動拠点となる部屋である。複数のグループが使用することもあるので，グループごとに鍵のかかるロッカーや物入れ，机・イス，ミニキッチンなどを備える。この部屋はグループ活動室の一種と位置付け，集会・研修ゾーンに設けるべきで，業務部門の中に設けてはならない。

c．その他の利用者用スペース

地域中心館などある程度以上の規模を持つ図書館では，たとえ近くに同種の施設が存在する場合でも，長時間館内で過ごす利用者のため食堂もしくはカフェテリアを設置するのが望ましい。この際，注意しなければならないのは，管理区画の問題と，この種の施設を有効に維持しつづけることができるかどうかの経営上の問題である。利用者が少なく活気のない食堂やカフェテリアは建物全体の雰囲気を損ない逆効果となる場合が多い。

大学図書館では，書店や文具店などを併設することも行われている。

6．資料保存スペースの計画

(1) 保存書庫から閉架書庫へ

かつて図書館がその蔵書量を誇り，資料の保存を第一の目的としていた時代においては，書庫が図書館そのものであった。象徴としての意味や要求される環境条件が異なることなどを理由に，閲覧室棟とは別に書庫棟が建設された例も多い。その書庫棟は蔵のイメージの，窓のない丈夫な建物で，閲覧室棟と敷地を分け合うことから一層あたりの面積は小さく，何層にも積み上げた形式で構成された（4－13図の縦型書庫）。しかし，資料の提供がサービスの主体となって以降，書庫には，開架資料群と一体となって利用者の資料需要を充たす機能が最優先で求められている。それは，利用者の探しやすさ，利用しやすさの面から，開架書架にはよく利用される資料，新鮮な資料を主に排架し，新規受入資料数に応じて，利用頻度の低下したものを書庫に別置して，利用者の求めに応じて職員が取り出して提供することが適切といえるからである。いわば，閉架書庫を，図書資料を収納し取り出す装置と位置付ける考え方である。

ここから，閉架書庫の建築計画における検討課題は，取り出しやすい書庫，収蔵効率の高い書庫の実現である。その上で，所蔵する資料を長期間にわたり，良好な状態で維持し利用者に提供し続けることが図書館の責務の一つであることに変わりはないから，良好な保管環境を維持できる書庫である。

また，図書館によっては，貴重図書や半永久的に保存すべき資料など，利用よりも保存を優先すべき資料を有する場合がある。そのような館にあっては，資料の長期保存に適した環境が維持できる保存優先の書庫を設ける必要がある。

なお，大学図書館などには，利用者の書庫への入室を許したり書庫内に閲覧机を置いている館がある。このような運用方式をとる書庫の計画では，収蔵能力などについては書庫として，室内環境や防災・安全面に関しては閲覧室とし

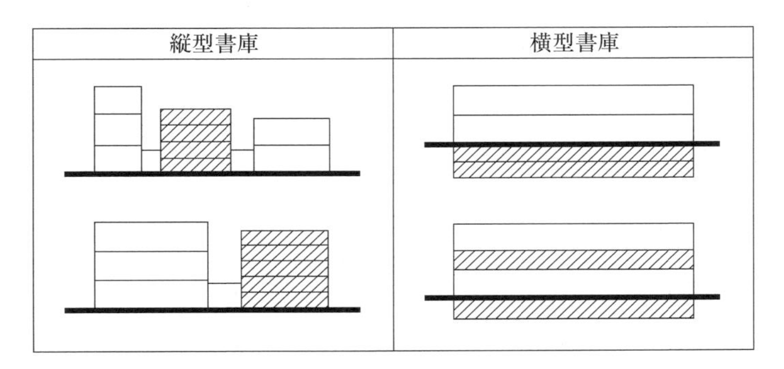

4－13図　書庫の形態

（新建築学大系編集委員会編『新建築学大系30』彰国社，1983，p.174より作成）

て扱う必要がある。

(2) 検討課題

a. 収蔵能力・面積

検討課題の第一は，収容能力とその必要面積である。毎年発生する保存すべき資料の数量予測及びそれらの保存年限に基づき収蔵能力を設定し，資料種別の収納方式などから収納家具の必要量を算出し，面積規模を設定するのが算定手順である。しかし，これから建設する図書館を今後何年間使用し続けるかや収集する資料の種類と量の推移予測は困難であり，収蔵能力の設定はきわめて難しいのが現実である。とはいえ，多くの場合，書庫の後々の増設は困難であるから，当初の建設時に少しでも容量を大きく設定しておくのがよい。

書庫の収蔵能力は資料の種類，書架の形状，書架間隔，段数，排架方式で決定される。4章4節（80ページ）に示した算定式を用いると，書架間隔1.35mで並列配置した7段の複式書架に余裕度30％で排架した場合，収容力は冊数（2×7×30×0.7）÷面積（1.35×0.9）で240冊／㎡程度である。正方形に近い形状の書庫であれば，通路部分や作業スペースを含んだ書庫全体の有効収蔵効率は80％程度と見込んでよい。

b. 迅速な取出ができる

閉架書庫では，利用者が資料の取り出し要求をしてから当該資料を手にするまでに要する時間が，書庫出納のサービス品質である。迅速な取り出しのためには，レファレンスカウンター担当職員など利用者から依頼を受けた職員自身が書庫に出向く図書館では，取り出し要求を受けるカウンター等と書庫との移動距離をできる限り短くすることが第一である。カウンターの背後に書庫を設けることや，別の階であれば書庫への階段やエレベータを近傍に設置するなどが距離短縮の策である。書庫内に資料を取り出す専任の職員をおく場合には，その職員の拠点（書庫内ステーションと呼ぶことが多い）を，書庫の重心にあたる位置に設けることが，移動距離の短縮につながる。また，ステーションと請求カウンターとの間を自動搬送設備などで結ぶことも効果的である。いずれにしても，書庫は，階あたりの面積を小さく積み重ねるよりも，階数を少なく平面的に広がったもの（4 -13図の横型書庫）にする方が，出納時間を短縮することができる。横型書庫は，階段など書庫における垂直方向の移動のための面積・設備がいらない，空調設備，防災設備などが単純になることでコストダウンが図れるなど建築上の利点も多い。大規模な横型書庫では，固定の壁を必要最小限にとどめ，できるだけ面積の広いワンルームとするのが，使い勝手と収蔵効率の両面から望ましい。

c．効率的に収蔵する

書庫の形状は，通路等に要する面積から，扁平な長方形よりも正方形に近い平面形の方が収容力の点では有利である。同じ理由から，横型書庫の方が縦型書庫よりも収容力が高い。

書庫の収蔵効率を高めるためには，書架間隔を必要最小限幅とすることが最初の段階である。次は，書架の棚段数を増やすことである。高い段からの取出には踏み台など補助手段が必要となるが，職員のみが使用する書庫であれば許容されよう。書庫の壁面に沿って天井までの高さの書架を設置することも方策である。

❶排架の工夫　分類順排架は，図書を分類記号に従って排架するもので，類似の内容の図書が近接することから探しやすく，開架・閉架の別を問わず排架方式の基本である。近い分野の複数の取り出し請求がなされた場合の迅速な出納にも好都合である。しかし，棚板の段間隔をさまざまな図書サイズの中で最大のものに合わせなくてはならないため，棚によっては図書の上に無駄なスペースが生ずる。また新たに収蔵する図書のために，各々の書架棚に相当の空きスペースを用意しておかなければならない。

形態別排架は，判型別つまり図書の高さにより区分し受け入れ順に排架するもので，上記の２点，図書の高さの不揃いによる無駄なスペースをなくし，判型によっては６段の書架を７段に使うなどが可能になる，空きスペースの確保の必要性がないから，収納効率の向上と取出時の歩行距離の短縮が実現できる。ただし，この方式は排架位置が正確に示される検索手段なしには求める図書に到達できないため，採用は職員のみがアクセスする閉架書庫に限られる。この形態別・受入順排架はわが国ではほとんど実施例がないが，ドイツ国立図書館フランクフルト館の書庫などにみることができる。なお，分類順排架方式の書庫においては，ある分野に割りあてられた書架群が満杯になってしまった場合には，再割り付けに伴う大量の図書の移動が必要になる。

❷書架形式の工夫

(1)　集密書架

書架間隔を最小限まで詰め収蔵効率を高めたものが集密書架である。床にレールを敷き，その上を複数の書架列を移動させる。移動手段としては電動式と手動式があり，わが国では電動式が好まれる傾向が強い。段数の多い高い書架を使用したり書架列を長くすることで一層の収容力向上を図れる。段数，連数ならびに一体としてまとめる書架列数に従って収蔵効率は変るが，一般に，現在行われている書架設置の中で，もっとも高い収蔵効率が得られる方法である。しかし，大量の資料数に比して接架できる書架間通路は少ないため，探しやすさや図書を棚に戻す際の作業性は低下するから，取り出し頻度が低いなど限定された箇所において使用するのが適切である。なお，集密書架の設置には，事前にレールを床に埋め込んで敷設する必要がある。開館後に設置するなど埋め込みが不可能な場合には，数センチのレール高さにより生ずる段差解消手段が必要となる。また，集密書架設置の床には大きな荷重への対応が必要である。

(2)　積層書架

スチール（鋼鉄）製書架の支柱の上に鉄板床を敷き，さらにその上に書架を積み上げる構造形式の書架を積層書架という。使用する書架を最上段に手の届く全高2.3m 前後のものとすれば，2層分でも5m 以内となる。上段に集密書架を用いる例もある。この，積層式書架はそもそも縦型書庫棟に使用するために考案されたもので，スチールの性能限界である7層程度まで積み上げた例（旧東京都立日比谷図書館，1957年）もある。かつての法規定では，層間の鉄板床を建築（床）面積に算入しないとされていたため，積み上げれば積むだけ面積あたりの収蔵効率は高くなった。しかし，防災上の指導から2層ごとにコンクリート床など耐火構造の床で区画すべきとされ，3層以上のものは設置できなくなった。続いて，建築法規上も鉄板の床部分も床面積に算入することに統一され，積層書庫のメリットは大幅に失われた。

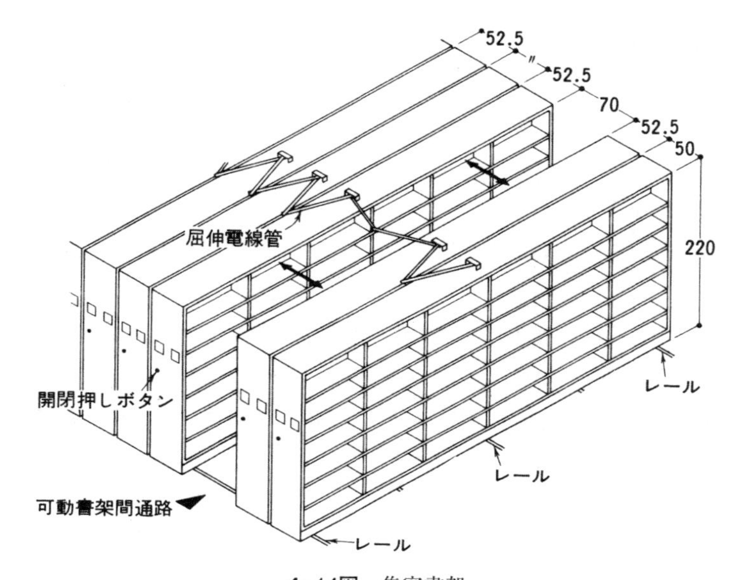

4-14図　集密書架
（日本建築学会編『建築設計資料集成4』丸善，1965，p.179より）

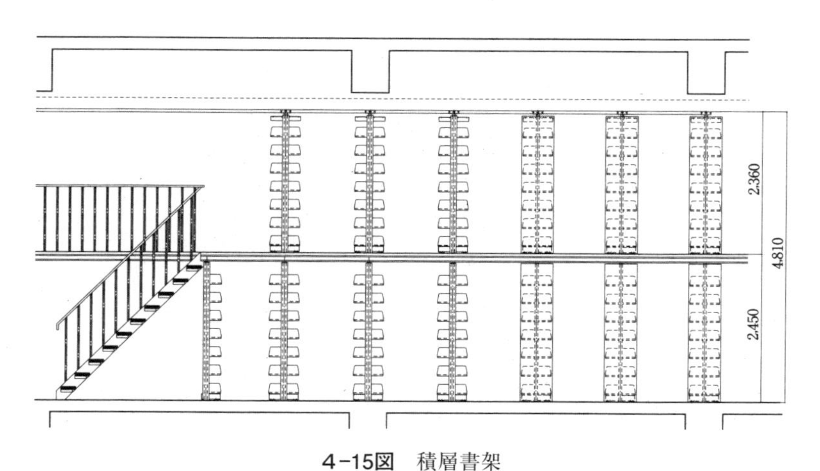

4-15図　積層書架
（日本建築学会編『建築設計資料集成：教育・図書』丸善，2003，p.177より）

また，下層の書架で火災が発生した場合，熱に弱いスチール書架支柱が上層を支えられず崩落する，かつその際に上層からの避難経路がわかりにくいことが多いなどの危険性が指摘されており，その使用には大きな制約があると考えるべきである。

(3)　自動書庫

収納された資料を自動で取り出したり再収納する機械装置と，請求のあったステーションまで図書を自動搬送する水平・垂直搬送設備を組み合わせたものが自動書庫である。1990年代末に実用化され，大量の閉架資料を有する公共図書館及び大学図書館で採用されている。設置されている図書館数では，世界中でわが国が飛び抜けて多い。機械装置は，高さ10m位まで鉄骨で組み立てたラックに，それぞれに60冊程度の図書を入れたコンテナを載せて収納しておき，出庫請求のあった図書の入ったコンテナを，コンピュータで制御された自走式

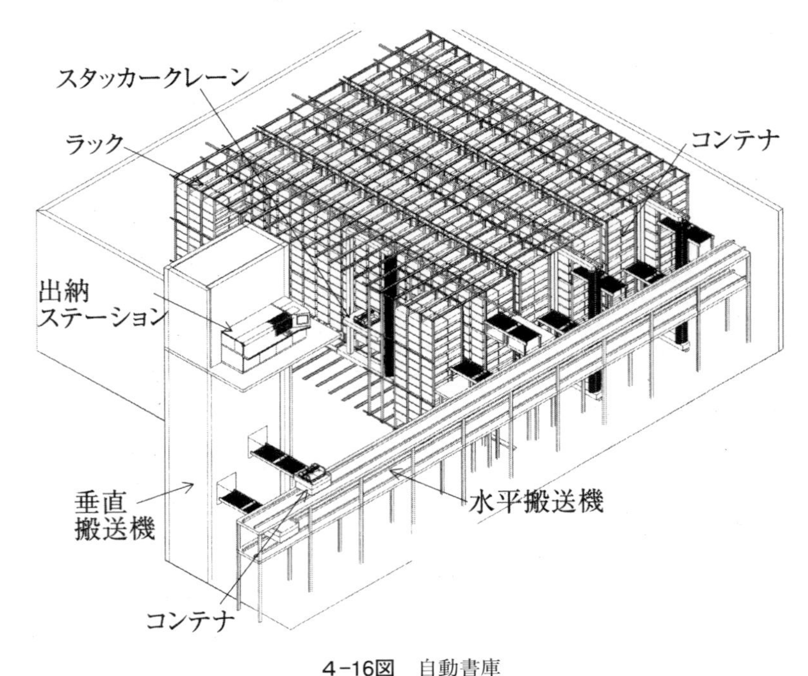

4-16図　自動書庫
（日本建築学会編『建築設計資料集成：教育・図書』丸善，2003，p.177より）

ロボット（スタッカークレーン）が取り出すしくみである。特定の1冊の取り出しは最終のステーションにおいて職員が手で行う。ラックを高くすればするほどまた長く伸ばすほど1スタッカークレーンあたりのコンテナ数を多くでき収蔵効率は高くなる。したがって，採用館での面積あたりの収容力はラックの長さ，幅，高さによりまちまちである。コンテナへの図書の収蔵は，分類や識別番号順ではなく，図書の判型のみを基準とし，取り出され返納されるたびに異なるコンテナに納まるフリーロケーション方式を特色とする。

実施例では，書庫出納に要する時間は数分程度で，人手を介する場合よりも断然早い。

書庫に職員を常駐させたり立ち入る必要がないため，大地震など災害時の人的被害を防げる，照明，暖冷房を最小限にとどめられることを長所に挙げられる。しかし，装置の価格及び維持管理費が高いこと，床荷重が大きくなり建設コスト増になることから，導入に際してはその費用対効果について精査すべきである。

❸書庫の室内環境　図書の保存にとって温湿度の変化，直射日光およびほこりは有害である。一般に，資料の保存には，いわゆる恒温・恒湿を維持することが必要とされる。しかし，利用を前提とする閉架書庫では，図書が書庫と閲覧室とを移動するつど，大きな温湿度変化を受けないよう，閲覧室の温湿度設定とほぼ同等にするのが良い。書庫は閲覧室よりもはるかに静的であるから，温湿度の安定維持を全面的に機械設備に依存しても，要する初期費用，運転経費は大きなものとはならない。

室内環境の安定を乱す最大の要因は外部からの熱の侵入である。書庫の外壁は断熱性を高め，熱伝導性の高いガラス窓は原則としてない方がよく，設ける場合も不必要に大きくしない。直射日光の紫外線とほこりの侵入を避けるため，北向きで開閉できない窓にとどめる。

外気に接しないので熱の伝達が少なく温湿度管理が容易であり，構造力学上重いものは下の階にある方が有利であるという二つの利点を活かすべく，地下書庫の実施例が増加している。地下書庫ではしばしば地下水の浸入と書庫壁面における結露が懸念されるが，それを防ぐ建築技術は十分に確立されている。

地下書庫で問題とすべきは工期の長期化，建設費の上昇であり，一般に将来の増築が不可能なことである。

書庫内の照度は，全般照明は最低限とし，必要時に必要な箇所を照明する部分照明方式をメインとするのが合理的である。

4貴重書庫，貴重書閲覧室，貴重書展示室　貴重書庫は，所有する貴重な資料を永年的に良好な状態に維持し後世に受け継ぐため，それぞれにふさわしい環境を整え，収蔵する場所である。博物館，美術館の貴重品収蔵庫と似た空間，環境性能とする。国立国会図書館の貴重書庫は温度22℃±2℃，湿度55%±5%に設定されている。建築とその設備だけで最適な環境を形成するのではなく，資料を湿度調整可能な専用の紙箱（和本の帙(ちつ)など）や調湿性の高い桐材の家具に収めるなどして，より適切な保管環境を実現することも行われている。恒温・恒湿維持のため，外気に接しない位置に貴重書庫を設けることは必須である。貴重書庫内の安定した温湿度を乱すのは人の出入りであるから，立入りは担当者だけに限定する。

床・壁・天井の内装材には，調湿性の高い素材を用い，資料にとって有害なガスを発生するような塗装はしてはならない。また，紫外線の発生を抑えた照明を用いる。格段の貴重書庫にあっては，空調設備の故障，漏電による火災，館内配水管からの漏水の発生といった危険性を排除できる備えが必要である。

貴重書閲覧室は，許可した利用者に対し貴重書を利用させる専用室である。資料の安全のため，利用者には室内に筆記用具を含め何も持ち込ませない，あるいは，職員が常時臨席するなどの運用法もあり得る。しかし，利用に供することは資料を損傷する危険を伴うことから，昨今では，貴重資料を高精細度でデジタル画像化し，通常の利用にはこれを提供することが普及してきている。

貴重書展示室は，貴重な資料を解説付きで展示することで，利用者に資料に関する興味と関心を喚起するために設ける。入口近くなど誰もが近づきやすい位置に設けることが入室者を増やす。アメリカやヨーロッパの国立図書館，大学図書館の華麗な貴重書展示室は，その観覧だけを目的に訪れる人も多い。しかし，利用者に適した温湿度，照度と，資料の保存に適したそれとは相反することが通例であることから，複製品の展示や画像展示も増えてきている。

5燻蒸と燻蒸室　図書館資料が劣化・破損する原因の一つは虫やカビである。燻蒸とは，資料の入った空間を密閉し薬剤を気化させたガス（人体には有毒）を用いて虫やカビを駆除することをいう。高温多湿なわが国では人の出入りに伴う虫やカビの侵入は避けられないから，書庫や貴重書展示室は定期的に密閉して燻蒸する必要がある。また，新たに収集した古文書などの資料に虫やカビがついている可能性があるので，書庫に収蔵する前に燻蒸を行う必要がある。この資料を燻蒸する設備を収めた専用室を燻蒸室という。設備の価格や使用頻度から燻蒸室を設ける図書館の新設例は少なく，必要時に博物館・史料館のそれを借用したり，専門業者に委託するのがほとんどである。少量の図書の害虫駆除にはマイクロ波（電子レンジなど）の利用が研究されている。

6防災対策　消火設備等の防災設備は，災害時の避難経路を含め，建築基準法や消防法などでその設置が義務づけられている。

(1)　地震対策

書庫における書架の地震対策は，閲覧室におけるそれと変らない。自立している書架は，支柱を床に固定し，頭つなぎを施す。書庫の収容力を補うために，後になってから単式書架を購入し書庫内の壁に沿って立て並べる館がある。この書架は地震時に転倒する可能性が高いから，壁としっかりと固定しなければならない。

集密書架は，阪神・淡路大震災における大学図書館等でのレールからの脱線，移動書架列の暴走，連方向への崩壊など，耐震性の低さが報告された。その後メーカー各社は耐震性能向上に努力を傾注してきている。図書館としては，耐震能力を基準に選定するが地震対策である。

(2)　火災対策，消火

書庫火災の消火方法としては，水消火または炭酸ガス等を用いるガス消火のいずれかである。消火活動の放水に伴う資料の汚損や水損，その後のカビの発生を避けるためには，ガス消火設備を備えることになる。

1) ガス消火設備

ガス消火設備は，1910年代にアメリカのベル電話会社が電気設備の消火用に，炭酸ガス消火設備を採用したのが最初とされる。発電所，船舶，工場など水が使えない施設での使用実績をもとに改良され，わが国では1960（昭和35）年の消防法改正により屋内駐車場などでの設置が義務づけられた。炭酸ガス消火設備は，天井等から酸素よりも重い炭酸ガスを放出して通常約21％の酸素濃度を約15％以下に低下させ消火する。資料と家具類などが汚染される恐れはまったくない。しかし，炭酸ガスは少量でも中毒性があり，放出後の書庫内でのガス濃度は約30％ともなるため，数分で窒息する危険性がある。過去には国内でも地下駐車場などで誤放出に伴う人身事故が発生している。図書館において炭酸ガス消火方式を選択する場合には，装置そのものの誤動作の恐れを排除することや万が一の際に書庫内に残存者がいないことの確認を厳正に行うことを条件にする必要がある。

主にハロン1301というガスを用いるハロゲン化物消火設備は，消火性能が高くなによりも人体には無害であることから，1974年に消防法で認定され，炭酸ガス消火設備の設置数を上回るほど急速に普及しガス消火設備の主流となった。しかしハロンガスには，ほぼ同時期からオゾン層破壊の悪影響が指摘され始め国際協約により1990年に使用抑制，1994年に生産が禁止された。しかし，図書館は「クリティカルユース（必要不可欠な分野における使用）」として新規設置が認められている（平成17年4月28日消防庁通知）。また，既に設置している図書館で消火のために放出した場合の補填も認められている。さらに，2001年に消防法施行規則の改正により，窒素などの新たな不活性ガス消火設備及び代替ハロン消火設備に関する基準等が制定され，図書館でも採用できることとなった[3]。なお，ガス消火設備には高圧ガスボンベを収蔵する室が必要である。

2)検討

電気設備・配線からの出火や人為的な放火以外，書庫が火災の発生源になることは考えにくい。したがって，書庫と閲覧室等他の部分との間を耐火性能の高い壁や扉で区画して延焼・類焼を防ぐことが基本となる。ガス消火設備など当初費用，維持管理費用ともに大きな設備を設置すべきか否かは，書庫の規模，

3：ハロン等抑制対策連絡会．“ハロン等抑制対策に関する報告書（平成24年度）”．総務省消防庁 Web サイト．PDF，http://www.fdma.go.jp/neuter/topics/kasaiyobo/halon_taisaku_houkoku_h24.pdf，（参照2014-01-10）．

収蔵資料の内容，資料が被災した場合における代替の可能性等々との総合的な判断になろう。

(3) 洪水，漏水

そもそも洪水による浸水の危険がある場合には，書庫を２階以上に設けることや防潮板等の止水装置の設置並びに浸水時の排水設備の設置が必要となる。

地震に起因する水関係の事故は少なくない。これまでの大地震で，館内の上下水管，スプリンクラー用配管が欠損して漏水した，館内に設置された清涼飲料自動販売機と水道管のつなぎ目部分が破損して漏水した，書架が倒れて手洗いの水道蛇口を壊し水が噴き出した，など水に関連する多数の事故が報告されている。地盤の液状化現象により吹き出した泥水により閲覧室が汚染された例もある。

7館外での資料保管　図書館の資料は定常的に増加し続ける。資料収蔵スペースの収容能力が限界を迎える前に，対応策を立案する必要がある。書架間隔を詰める，通常書架から集密書架に換える，通常書架や集密書架を撤去して自動書庫を導入するなどで，書庫の収容力の向上を図ることも方策である。次は増築の可能性の検討であろう。さらには，図書館とは別の場所に書庫施設を建設することが考えられる。比較的地価の安い場所に用地を得てローコストの専用建物を建設する。単独の設置主体で建設する場合と複数の自治体や大学が共同でという複数主体の共同保存書庫建設方式とがあり得る。利用請求への対応には少なくとも１日は要するが，図書をマイクロフィルム化したり，電子的な記録形式に変換して利用者にはそれらを提供し，図書自体は保存専用施設に納める方式をとれば，その問題は解決できる。単独主体での例としてはバイエルン州立図書館がミュンヘン市郊外に，複数主体による共同保存図書館にはハーバード大学を中心とするニューイングランド・デポジット・ライブラリー（NEDL）などの例がある。

館外での保管では，倉庫会社など外部の保管施設に預けることも選択肢の一つであり，工学院大学八王子図書館などで実施されている。規模，期間，資料搬送頻度によるが，施設建設よりは経費節約が図れることもあり得る。

7．業務部門の計画

（1）業務部門の構成

図書館の館種，性格，規模などによって職員の組織編成はさまざまな形式をとっている。

日本図書館協会の「専門性の確立と強化を目指す研修事業検討ワーキンググループ（第２次）報告書」（2000（平成12）年）には，公共図書館の業務分析一覧表が示されている。これらを参考に，公共図書館における業務と必要となる室・スペースをまとめれば4－8表のようになる。

（2）主要室の計画

a．事務・作業室

館長を除く経営管理業務職員には事務室，それ以外の職員には個人机の事務スペースと作業スペースとが必要である。欧米の図書館ではパブリック・サービス部門の職員は利用者ゾーンにあるそれぞれの持ち場でほとんどの時間を過ごすことを理由に，いわゆる事務室に各人の机を設けないことが多い。しかし，わが国では多くの時間不在であっても，事務室に一般官庁にならった配列で全員の机を置くことが普通である。これは机を持つことが帰属の象徴と見なされていることによるといえる。事実，1994年に開館した市川市立中央図書館では，パブリック・サービス部門の職員には個々の机ではなく私物用キャビネットと共用の机とが配置されたが，職員の反対によりごく短い期間で通例の方式に変更された。また，事務室内に１係ごとに島を形成する対向配列型と呼ばれる机のレイアウトは，面積効率が良いことが特徴であり，専門分化ではなく係ごとの共同責任型の仕事の進め方に適しているとされる。その意味では利点も認められるが，職員の専門性向上が求められている今日，事務・作業スペースを拡充させる工夫が必要である。職員１人あたり８～10㎡程度を目標としたい。

小規模図書館では事務と作業とをすべて１室で行えるようにするのがよい。

4-8表　業務に必要な室・スペース[4]

業務区分	担当部門等	主な業務内容	必要室・スペース
経営管理	館長，庶務係，会計係等	•図書館運営の計画・立案 •議会，教育委員会等関連部局との連絡・調整 •他館等との連絡調整 •人事管理 •財務管理 •施設管理 •広報 •行事の企画・主催	•館長室 •応接室 •事務室
資料管理	テクニカル・サービス部門	•資料の選択・収集 •資料の整理（受入，分類，目録の作成，装備） •資料の管理（排架，書庫管理，簡易な修理，除籍）	•選書室 •検品・受入スペース •事務・作業スペース •製本準備室
利用サービス	パブリック・サービス部門	•閲覧・貸出サービス •レファレンスサービス •読書相談 •利用教育 •移動図書館 •団体・グループ支援	•事務・作業スペース •移動図書館作業室 •移動図書館車庫 •移動図書館書庫 •団体貸出用書庫 •仕分け・配送室
電子図書館	システム管理部門	•コンピュータシステム導入，更新計画 •システム管理 •利用環境の整備計画，維持・管理 •デジタルコンテンツの選択・収集，制作 •機器操作指導・研修 •インシデント対応・セキュリティ管理	•媒体保管庫 •事務・作業スペース •コンテンツ制作スタジオ •備品倉庫
共用		その他	•救護室 •更衣室 •会議室（職員専用） •休憩・食事室 •職員用トイレ •倉庫

規模が大きくなるにつれそれぞれが独立した部屋を備えたり，部門ごとに専用室をもつこともあるが，職員間の意思疎通や業務の円滑な処理のために，できる限り大部屋方式の方がよい 。

小規模図書館では総合サービスカウンターの背後に事務室を設けることが効率的であるが，中規模以上にあっては絶対的な条件とはいえない。また，中規模以上の館にあっては職員専用の会議室を設けることが望ましい。

事務・作業室内ではブックトラックなどが動き回る一方で，執務はパソコンなどいわゆるOA機器に依存しているので，電源と情報コンセントの位置および配線の経路には十分な配慮が必要であり，全面的にフリーアクセスフロア方式を採用するのがよい。

b．館長室

館長室の計画はその図書館における館長の位置付けに左右される要素が多い。大学図書館で教授館長の場合には，館長室は執務室というよりは応接室的な位置付けが要請される。公立図書館の館長室に関しては，ⓘ個室形式の館長室を設けるか否かと，ⓘⓘ館内の位置の２点のそれぞれに異なる考え方がある。ⓘでは，訪問客があること，個室で行うことが望ましい任務もあることなどから，個室形式で設けるべきとする考え方に対して，わが国では自治体の行政職員で個室が与えられるのはごく限られた職階の者だけであることから，個室形式の館長室を設けるのは適当でないとする考え方がある。個々の館ごとに判断すべきであるが，建設計画時の館長の個人的な見解に委ねるべきではない。これまでは，その職務内容から応接室や小会議室を兼ねた館長室として設置する事例の方が多い。

またⓘⓘの館内での館長室の位置では，原則論として，利用者サービスと管理運営の責任者であるから，事務室に近くかつ館内の主要室が直接見える位置であることが望ましい。多くは，管理運営の責任者の立場に重きを置いて事務ス

4：日本図書館協会．“専門性の確立と強化を目指す研修事業検討ワーキンググループ（第2次）報告書”．日本図書館協会Webサイト．2000-03-21，PDF，http://www.jla.or.jp/portals/0/html/kenshu/kenshuwg/hokoku.pdf，（参照2014-01-10）．をもとに植松が作成

ペースの奥に設けている。逆に，利用者サービスの責任者という立場を重視して，常総市立図書館（旧水海道町立図書館，茨城県）などのように，貸出カウンターの背後で利用者が直接声をかけやすい位置に設けた例もある。

なお，館長室を設けることが普通の欧米の図書館でも，図書館全体の責任者である館長は，館長室にこもっているべきではなくサービスの現場に近く，少なくとも職員の執務の場にいることが良いとする専用館長室不要論もある。

c．テクニカル・サービス部門

作業スペースの主要な部分は受入・整理業務スペースである。受入・整理業務では選書された資料が発注され，書店等の納品を受け入れる所から始まって，登録→分類→目録作成→装備の順に加工され，利用のために排架される。係の配列はこの手順に従う。

各係員の間をブックトラックに乗せられた資料が移動するから，そのための十分なスペースをとっておくことが必要であり，移動の障害となるような段差等はあってはならない。各段階におけるスペースには

①選書室……選書担当者が集まる選書会議のための部屋である。出版社や書店等から預けられた新刊書等を並べる書架と会議テーブルで構成される。実際の図書を見較べながら選書することを「見計らい選書」というが，これらの図書の亡失を防ぐため選書室には鍵のかかる扉をつけるのが望ましい。見計らい選書ではなく出版情報やパンフレット類等に基づいて選書する館では選書室は不要である。

②受入・搬入口……荷解きスペース，検品用テーブルまたは受入図書用書架

③登録・分類・目録作業スペース……担当職員個々に割りあてられた作業机，書誌ツール等のためのスペース，書架など

④装備……装備作業用テーブル

などが必要である。しかし，1990年代になってから，民間の専門会社によって図書の選書・発注から納入までの一貫システムが開発され，とくに公共図書館では都道府県立図書館の一部を含むほとんどの図書館がこのシステムを導入している。本システムでは選書用リストから選書すれば，MARCと装備すみの図書が納品されるので直ちに排架でき，利用に供することができる。そのた

め，個々の図書館では寄贈・交換本等を除き，整理業務にかかる職員とスペースを必要としないことが一般的となった。なお，未だ多くの大学図書館では選書から装備までの業務が館内で行われている。

簡易な補修を館内でするために，補修用具と用品を近くに配した作業テーブルが必要である。

製本準備室は，雑誌の製本を専門会社に依頼する前に，未製本のバックナンバーを並べ欠号がないかや数量を確認するための書架を置く部屋で，雑誌種数の多い大学図書館や大規模公共図書館では仕切られた部屋として設ける必要がある。

d．移動図書館（ブック・モービル：BM）関連室

移動図書館用の図書は開架室の図書と別扱いにして移動図書館用書庫に置く方式と，別扱いにせず開架室の図書の中から積み込んでいく方法とがあるが，前者の方が多い。団体貸出用図書の書庫を兼ねることも多い。

移動図書館の作業室は，移動図書館用書庫と車庫に隣接している位置に設ける。積み下ろし時には大きく開放され一体として作業できることが望ましいが，一方で，車の出入り時に車庫には外気が吹き込むので他の部屋の温度・湿度に影響を与えない配慮が必要である。また，寒冷地において冬期に車庫内で暖気運転を行う場合には，排気ガスの処理装置を設ける。

車庫は分館との物流を担う巡回車の駐車場としても，また作業室は配送センター機能を兼ねることも多い。

e．電子図書館機能関連スペース

システム管理部門職員には，個々人に机が割りあてられる。コンピュータシステムの分散処理化の進行，サーバー類の小型化などにより，図書館システムの中枢となる大規模図書館でも従来のような広いコンピュータ室は必要ではなくなった。

館独自の情報発信のためにオリジナルなコンテンツを制作するための室がスタジオである。印刷資料やマイクロフィルム，写真や動画の記録類などをデジタルデータに変換するなどの作業を行える場所として設ける。

f．スタッフラウンジ

食事や休憩，小規模な会議のためにスタッフラウンジは必ず設ける。必ずしも事務・作業室に隣接させる必要はなく，自然光の入る環境の良い場所に配置するのがよい。くつろいだ雰囲気としキッチン，テーブル，ソファ，収納等の設備を備える。救護室を兼ねる使用目的から，一部を区切って畳敷きとすることも多い。事務・作業室内に全職員の机を置かない場合や，事務・作業室が複数の部屋で設けられる場合には，職員相互のコミュニケーションに重要な部屋となるので面積や位置について特段の配慮が必要である。

g．その他

利用者の多い大規模館では，気分の悪くなった人のために，救護・休養室を設けるとよい。救急車の到着までの時間を横になって待つことができるし，静かに横になっているだけで回復する人も多いからである。

職員用にはほかに，更衣室，職員用トイレ，倉庫，移動図書館職員のためのシャワー室などが設けられる。また，館内清掃など一部の業務を委託する場合にはその職員の控室が必要である。

8．建物維持・管理の部門

各種の書類，備品・家具の予備，掃除用具など図書館では収納しておくべきものは少なくない。住宅の計画と同様に，平面計画上余裕のできた箇所はすべて倉庫とすることは有効であるが，図書館側でも不要のものは廃棄処分などを行い，倉庫活用の方策を考えるべきである。

機械室は，空調機械室，衛生機械室，電気室，防災機械室などに区分されるが，規模の小さい場合には一室で設けられることも多い。機械室の概略面積は，採用する設備システムによっても異なるが，維持管理を円滑に行うためにも延べ面積の８～15％程度をあてる必要がある。設置される機器に対応した天井高，床荷重，メンテナンススペース，換気などの配慮とともに，発生する騒音への対策が図書館では特に重要である。また，ボイラーであれば15年程度など，効率や安全性から，主要機器には耐用年数がある。そのため機械室は，更新時に大型の設備機械を直接搬出入できる位置に設けることが必須要件である。地下に機械室を設ける場合にはマシンハッチ（から堀）などを設ける。

警備室は，図書館では館員の通用口近くに設けられることが多く，ここから通過する人のチェックが行われる。警備員が常時勤務することが多いため，仮眠や休憩のための室を設ける。管理人室，宿直室もほぼ同種の性格の室であるが，現在ではいずれも外部委託が多く，設ける部屋の種類と内部のしつらえは委託先の仕様にあわせる必要がある。

防災センターは，建物内の安全にかかわる情報を扱う場所であり，その目的が警備室と類似するため，この二つを兼ねた形として設けられることが多い。火災などの非常時に，利用者に対して避難の指示をするとともに，空調停止，排煙設備の起動などを行うため，機械室との位置関係に留意する。到着した消防隊と連携しやすい位置であることも重要である。

9．外部スペース

屋外読書スペースを用意して，屋外で読書のできる計画をした例は少なくないが，実際に使われているものはきわめて少ない。管理上の問題もあるが，わが国では屋外の方が冷暖房のある室内に比べて快適な期間は短いというのがその理由であろう。

中庭や光庭などの目を楽しませるための庭はあってもよいが，閲覧室内にそのようなものがあると家具配置の自由度を制限するので慎重でありたい。児童部分などにサンルーム的に外気を吸えるスペースを設けることは考えられるが，それも見通しがよく広すぎず，館員の精神的負担とならない程度にとどめるべきであろう。

図書館は豊かな外部空間を持ちたい。緑を配した外部空間の計画（外構計画という）は，図書館には不可欠のものである。樹木で建物をとりかこむことは，建物の雰囲気をもりあげるだけでなく，建物の南側に落葉樹を植えれば夏は遮光に，冬は葉を落として日光のぬくもりを与える省エネルギー効果が期待できるし，北西面や前面道路側であれば直射日光や風雨などの自然環境や交通騒音などから建物を保護してくれる。

地域館では徒歩ないし自転車で来館することを原則とする。したがって基本的には，身体障害者の来館用と図書館の業務用以外の駐車場は不必要である。逆に，サービス対象地域が広く公共交通機関が発達していないところでは，自家用車が多くの来館者の移動手段であり，大規模駐車場の設置が不可欠である。その場合には，車と自転車・徒歩来館者のアプローチ動線の分離による安全確保と，駐車場から図書館入口までの快適な歩道の設置が必要である。

地域館では駐輪場への細心の注意が必要である。それを怠ると，図書館の周囲に自転車があふれて近隣に多大な迷惑を与え，図書館の存在にすら反感を持たれてしまう。安全な位置に十分な容量を持つ駐輪場を設けたい。また，入口前など自転車を停めてほしくない場所には植栽などの駐輪防止策が必要で，これがないと勝手に自転車を置かれてしまう。

5章　館内環境の計画

1．図書館家具・機器

（1）図書館家具の役割

a．基本

図書館の家具は，資料利用の便・不便に直接かかわると同時に，室内空間を創りだす重要な構成要素である。家具の選び方によって落ち着きやにぎわい，重厚さや軽快さ，統一感などの雰囲気をかもし出すことができる。つまり，利用者の図書館の使い勝手と印象を決定づける。また，図書館建築は床面のほとんどが家具によって満たされる家具密度の高い建築であることから，他のあらゆる用途の建築よりも，家具の重要性が高いといってよい。

b．選択と発注

家具が備えるべき条件としては，実用性・機能性，安全性，堅牢性・耐久性，品質の安定性，保守管理のしやすさそして見た目の美しさ，価格などを挙げることができる。その上で，家具全体の統一感，建築との調和を基準に総合的に判断することが大切である。

評価の定まっている既製品があればそれが望ましい。見て触れるし，価格も安く，後々の追加購入も容易である。しかし，一般に図書館専門家具の多くは受注生産品であり，数量的に大きなものはコスト低減も期待できるから，仕様や素材が既製品に準じていれば，特別デザインであっても費用は大きく変わらない。特別デザインの家具の設計に際しては，図書館側が使い方の細かな検討を行い，家具デザイナーに詳細にわたって指示しなければならない。

建築工事では，床や壁に固定される造り付け家具以外は，建築工事及びその工事費の中には含まず，家具工事費を別途予算措置して，家具は家具メーカー等と個別に契約し購入するのが一般的である。これを分離発注方式と呼ぶ。この方式では，図書館建設が終期に近づく頃，役所の物品調達担当が建築の設計とは無関係に選択・発注を行うことがある。そのため，ややもすると価格や担当者の判断が優先されて建築と不調和であったり，図書館側の要望が反映されないことが起る。

こうした事態を防ぐためには，まず，家具の種類と数が多いこと，専門家具であることなどから，通常の公共建築物での家具費を上回る予算措置が必要であることについて財政当局の理解を得ること，選択・発注に際しては図書館や設計者との協議が必要であることについて理解を得ておくことが要件となる。

また，建築設計業務の中に家具の選定と設計を，建築工事の中に家具工事を含める一括発注方式も多くの事例があり，こちらの方が建築との調和は確保しやすいとされる。数の多い書架だけを一括発注方式とし，他の家具は分離とするなど両方式を混用することもある。

（2）書架

a．素材

書架の素材としては，木（堅木，積層材，合板など）とスチール（鋼）が主で，他にアルミやプラスチックが用いられている。木製とスチール製の特質はほぼ相反関係にあるが，わが国では現在でも木製書架への嗜好が顕著にみられる。木に対する親しみ，下段を突き出したり特殊な造形に加工するなど個別注文に応じやすいことなどがその理由である。良い材料を使用し加工も上質な木製書架は高価ではあるが，上質な雰囲気をもたらし長年月の使用に耐える。しかし，表面の材質が木であれば良しという製品もある。一方のスチール製は，一般に比較的安価であり，日本工業規格（JIS）などで強度と耐久性が保障されている。また，木に比して自由な色に塗装できる。

木製書架の補強には，まず連方向での変形防止に背板を設けること，次に棚板の積載荷重強度向上に棚板を固定とすることや棚板をスチールで補強するなどが有効である。逆に，スチール製書架の質感が硬く冷たい印象を和らげるため，スチール製書架の上部や側面に木製のパネルを取り付けたり，スチールの棚板を木材で被覆したりするものなど，木の質感とスチールの強度という両方の利点を活かした書架の採用例も多い。柱と棚板にアルミを用いる書架は高価であるが，木製書架，スチール製書架で棚板のみアルミ板を用いる書架も出現している。

主要構造部にスチールやアルミを用いた書架は，現場組み立て方式で設置される。一方，木製書架は工場で仕上げられなければ強度や美しさの確保が難しい。そのため，木製書架の場合には製造工場からの輸送費が大きくなることも判断基準に含めるべきである。

b．形状

5－1表にみるように，一般書でもっとも多い判型はA5判（31％）で次がB6判（27％）である。第3位のA6判（文庫判）とB40判（新書判）は書架としては専用サイズのものを使用する例が多い。A4判は近年複写用紙・プリント用紙として使用されることが多く，報告書や雑誌には使用されているが，一般書での比率はごく少ない。美術書などにはA4判よりも大きい大型本があるが，図書全体に占める割合は小さい。

この判型別の図書構成からみると，棚板の有効高さを28cm（棚板厚さを含んで1段の高さは30cm），奥行きを18cmとすればほとんどの図書は収納できるから，棚板の位置が調整可能である必要性は少ない。棚奥に本が押し込まれているのではなくむしろ棚から飛び出しているくらいの方が魅力的であるとか，書架間の通路を少しでも広くしたということから棚板の奥行きを16cm程度にまで狭めることも行われている。

一般成人が無理なく手の届く範囲は180cm前後で，これは上記の棚板間隔でいえば6段に相当する。5－1図からわかるように床から30cm程度までの書架最下段は見づらく取り出しにくいから，この段については取り出しやすさ・見つけやすさを改善する方策を施すか，使用しないのが良いといえる。方策には，書架下段を前方に突き出すことが行われている。突き出しの傾斜が大きくなれば見やすさは向上するが書架間隔を広く確保することが必要となり，面積あたりの収納効率は低下する。また，上段の図書が利用者から遠くなると

5−1表 図書の判型と出版での比率

判型		寸法（mm） 高さ×幅	出版点数比率（%）*		主な用途
			一般書 （63,832点）	児童書 （4,350点）	
A 6 判		148×105	13.5	2.6	文庫本
B 40判		173×103	5.4	10.1	新書（182×103）
B 6 判（含四六判）		182×128	28.2	15.2	単行本
A 5 判		210×148	31.3	19.2	文芸書・学術書
B 5 判		257×182	12.1	11.6	週刊誌・一般雑誌
その他			9.6	41.2	
	A 4 判	297×210			美術全集・写真集

＊出版点数比率：出版科学研究所『出版指標年報2018』書籍新刊判型別点数より集計
＊本統計では A4判は「その他」に分類されている
＊一般書，児童書の他2017年度には学習参考書が4,875点出版されている

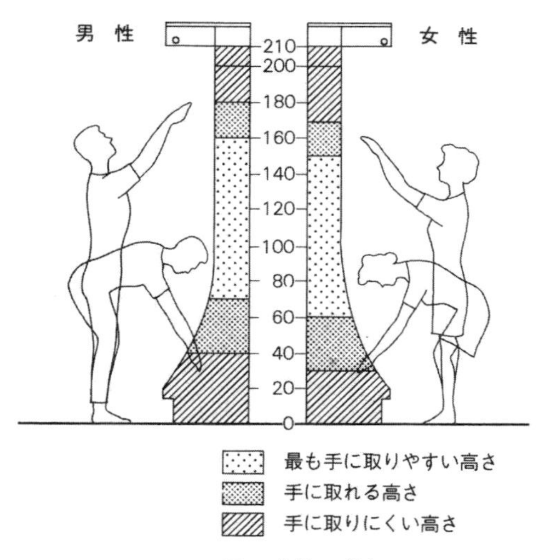

5−1図 書架の高さ
（日本建築学会編『建築設計資料集成4：単位空間Ⅱ』丸善，1980，p.165より）

の指摘もある。他に，直立型書架で最下段の棚板を斜めにセットして書名を読みやすくすることも行われている。

成人には床から60～160cmまでが「利用しやすい」高さである。「書店陳列ハンドブック」では90～150cmをゴールデンラインと呼び，もっとも目につきやすい高さとしている。高さ120cm（3～4段）程度までの低書架を置くことによる空間的な開放感を，書架としての使いやすさと誤解している人がいる。しかし，もっとも見つけやすく取り出しやすい眼の高さの棚2段がないことから，低書架は人間工学的に見て使いやすいものといえない。低書架はカウンターまわりなどで視線を通す必要がある場合や，辞典など重い図書や大型図書を納め，天板上で拾い読みや筆記をする際に便利なもので，そのような意図で設置する場合に限定すべきである。

車いすの人が手の届く全高150cm（直立型で5段）範囲の高さまでにとどめるべきとの意見もある。より多くの資料をコンパクトに収納し利用に供することは，魅力的で使いやすい開架書架スペース造りの基本であることを考えると，6段の書架を標準とする利点を上回る必要性があるとは思えない。

以上から，好ましい書架の形状は，180cm，6段の直立型書架で，床から30cm位までの棚を取り去ったものといえよう。また，大学図書館では書架間を動き回る人が少ないことから，面積あたりの収納効率を優先して7段目や書架最下段も使用することで良い。

なお，通常，書架には上段から並べられ，満杯になってなお同分類の図書があれば2段目へと折り返される。利用者もそのように排架されていることを前提に探す。満載された書架で連の境が不明瞭であるとわかりにくく探しづらいから，連と連の区切りは明確にしておくのが良い。

（3）書架以外の収納家具

a．雑誌架

今日，雑誌は種類も非常に多く，利用者にもよく利用されている。情報の新鮮さ・豊富さからポピュラーな雑誌を調査・研究的に利用する人も増えてきている。雑誌架には，新着雑誌を陳列し未製本バックナンバーを排架する機能をもたせる。そのためデザイン上の課題は，利用者の探しやすさのために表紙を見せる工夫と収納効率の両立である。しかし，雑誌は総じて薄く形状も多様であるため扱いが難しく，未製本バックナンバーをわかりやすくかつ管理しやすくそして効率良く排架することは容易ではない。

上部の数段を新着の表紙見せ方式とし下部にバックナンバーを納める型式や，扉に新着を陳列し背面にバックナンバーを収納するふた付き棚形式などさまざまな形態のものが考案されているが，まだまだ改良の余地は多い。大学図書館では図書と同じ形状の書架に排架する例もある。

b．新聞架

新聞は大きく分けて３種類の提供方法がある。ⓘ新聞閲覧台（机）方式：新聞１紙を台に載せて，着席ないし立位で利用させる。面積を要するが傷みにくく，読みやすいので研究的利用にも対応できる。ⓘⓘ数日分をハンギングホルダーにはさみ，近辺に配するソファ等で利用させる。自由な場所で読めるがやや読みづらい。ⓘⓘⓘホチキス等で借り止めし，新聞差しと呼ばれる箱状のものに納めてⓘⓘと同様に利用させる。もっとも使い捨てになりがちであるが，小規模図書館ではこのやり方で十分である。

この他に，新聞種別に１ヶ月単位程度で引き出しに納め１年分を保存する新聞収納棚は，大きな面積を占めることになる。

c．その他

辞書や地図帳の類で，重くて運びにくくまた持ち運ぶ際に破損する危険性のあるものには専用台を用意し，その上で利用させることもある。地図ケースは１枚もの地図，Ａ３判以上の大型地図を折ったものを収納する。引出し式がもっともよく使われ，他に吊り下げスタンド型や立て掛け型地図架など垂直置き式が多い。マイクロフィルム・フィッシュの収納・保存には調湿機能を備えた引出しをもつ専用の金属製ファイリングキャビネットが使われる。

d．絵本架

絵本は形や大きさがさまざまで，薄く自立しにくいなど，排架のむずかしい資料である。表紙に内容情報が集中しているため，子どもは表紙を見て選ぶ。また，表紙が並ぶことで絵本コーナー特有の雰囲気が生れる。そのため，雑誌

5-2図　標準的な絵本架
（飯能市立図書館）

5-3図　移動可能な絵本箱
（ウルム市立図書館）

架と同様に，表紙を見せることと収納効率を両立させる工夫が必要になる。利用対象者の体格から高さは120cm 程度までに限定される。形状には，雑誌架と同じように，上段の数段は表紙見せ方式で下の数段は背表紙を見せる方式を基本に，全面的に表紙を見せるものから，ごく限られた数の表紙を見せるものまで種々のデザインが試みられている。表紙を見せる部分は階段状の棚に絵本を立てかける型式が多い。背表紙を見せる方式では，子どもは表紙を見ながら探すため絵本が倒されてしまうので，適度な間隔で仕切り板を入れて倒れないようにする。ヨーロッパの図書館では5-3図のように，箱に詰めて自由な場所に持ち運べるようにしたり，上からとり出す絵本箱方式も多い。

紙芝居も，1セットずつ表紙を見ながら探すので絵本架と同様の要件であるが，ほぼ一定の形と大きさをしているので対応はしやすい。

（4）カウンター

利用者との接点であり，職員の活動の中心，資料の集結場所であるカウンターの機能・形状は，その図書館の特質にあったものでなくてはならず，この意味で，建物と同様に一品生産的なものである。カウンターの高さ，甲板の広さ，引きだし等の形状は，職員の作業効率と快適性，利用者の使いやすさに大きくかかわるため，それごとに慎重な検討が必要であり，その決定には職員が積極的に関与すべきである。

5-4図 職員と利用者が同じパソコン画面を見やすいよう工夫されたレファレンスデスク
（新潟市立中央図書館）

カウンターは目に付きやすい位置に置かれるものであり，大勢の人が使うものであるから，使い勝手が良く堅牢で安定感があり美しいデザインのものがよい。その上で，機能や備え付けの機器類は時代とともに変化するから，移設や撤去も含めた可変性への対応力も要求される。

a．大きさ

カウンターの奥行きは対面する館員と利用者の会話距離と，資料を手渡す距離を考慮して決定する。一般には55～70cm が適当とされている。幅は職員１人あたり2.5m 程度が適当とされるが，個々に設定すべきものである。

レファレンスデスクでは，対面式よりも90度の関係に座る方が話しかけやすい。また両者で同一のパソコン画面を見ながら情報探しをすることが一般化したなどから，形状に工夫したものも出現してきている。

b．高さ

カウンターの高さは作業に適していることはもとより利用者と職員の目の高さができる限り一致するように設定するのがよい。すなわち，貸出カウンターのように立姿勢の利用者に対しては職員も立姿勢がよく，高さ90cm から１ｍ前後のハイカウンターとし利用者側に鞄や手提げ袋を置く部分を設けるのが適当である（5-5図左）。当然のことながら児童に対応するカウンターは相応に低くする。その他では，2段カウンター形式（5-5図中）：利用者側を約1m，職員側を70cmとする。貸出カウンターで使うには図書の受け渡しに労力を要するので好ましくない。ローカウンター形式（5-5図右）：70cmのカウンターとし必要に応じ利用者が筆記する時に使える上置き台などを置く。職員が着席し利用者が立姿勢のため職員は見下ろされる関係になる。

レファレンスデスクなどで，利用者が着席しパソコンを操作するなど職員も着席する時は70cm程度を標準とする。車いす利用者用との応対には利用者のヒザが奥まで入るようカウンターの前板（幕板という）を取り払い，かつヒザがぶつからないよう高くしなければならない。しかし，電動と手動など車いすの高さはまちまちなので，電動モーターを用いて，カウンターの上面（甲板または天板という）を上下できるようにすることも考えられる。

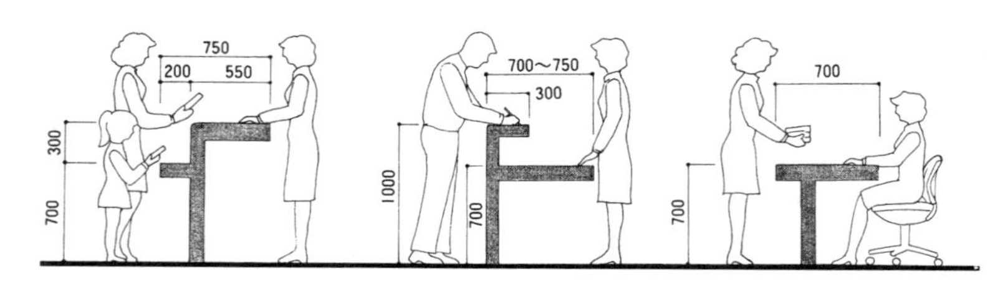

左　ハイカウンター：館員が立って対応。児童や荷物のための棚がある。
中　2段カウンター：館員は立つ場合と着席のいずれもあり。記載台としても使用する。
右　ローカウンター：館員が着座にて対応。

5-5図　カウンターの高さ

（『公共図書館の計画と建設の手引』日本ファイリング株式会社，1998，p.67より作成）

c．甲板の素材

貸出・返却カウンターなどで多くの本がやり取りされると，甲板は急速に摩耗することがある。また甲板上の図書のすべりの悪さは館員の疲労を増す原因ともなる。そのほか，手触りのよさ清掃の容易さなどカウンター甲板に要求される性能は多様であるから，木，木質系加工品，石，プラスチック（人造大理石など）その材料の選択には慎重でありたい。

(5) 机・椅子・キャレル

a．閲覧机

閲覧机の形状には長方形，正方形，円形，１人用，４人掛，６人掛，多人数掛や窓面などに直面したカウンター型などがある。図書館は基本的に個人利用の場であり，利用者は机の端部に座りたがる傾向が強いという観察結果からは１人用または４人掛は着席率が高くなり効率がよい。しかし，１人用は広い面積（3.3㎡／人，４人掛け1.8㎡／人，６人掛けで1.6㎡／人）を必要とするだけでなく，空いている時はさまざまな資料を広げて使える多人数掛けを好む利用者も少なくないので，種々の机を組み合わせて利用者の選択の余地のある机配置をすることが望ましい。机の平面寸法としては１人用で幅100cm ×奥行60cm，４人掛180cm ×120cm，６人掛240cm ×120cm 程度が，高さはJISの70cm が標準的である。

視線を遮るため中央や隣席との間に机上に50cm までの隔て板を備えた形式とすれば，集中を望む利用者などで利用率は高くなる。また，高い照度を求める人のためにデスクランプを設置したり，パソコンを利用できるように電源コンセントを装備したりする。

b．椅子

椅子に関しては図書館だからといって特別な要件はない。長時間の読書，筆記などの行為に適するためには，座面が適度に堅く平らなことが条件であるが，あとは美しさ，耐久性，価格などから選んでよい。椅子は定評ある既製品から選ぶことがよく，その選択にあたってはできるかぎり実際に着席してみることが必要である。

高齢者には柔らかなソファよりも，体が沈み込まない程度に硬い座面をもち立ち上がる時に手がかりとなるひじ掛けの付いた椅子が適している。

(6) 普及途上の機器とシステム

a. ICチップを用いた資料管理システム

これまでは図書館では図書につけられたバーコードをスキャナーで読みとることで貸出と返却の処理が行われてきた。バーコードは通常13桁の数字で構成され，一つの図書館の図書にはすべて異なる番号が与えられている。ある物を他の物と区別する手段であることから識別子と総称される。

IC（集積回路）チップを用いて非接触型で物品を識別することを，無線通信を利用した自動認識技術（Radio Frequency Identification：RFID）という。ICチップとアンテナが内蔵されたカードをICカード，粘着シートを貼り付けるなどして物体に貼れるようにしたものをRFタグ（ラベル型やシール型，RFIDタグ，ICタグなどとも呼ばれるがJISではRFタグで統一している）という。きわめて小型ながらICチップはCPU（情報処理・計算）とメモリ機能をもつので，ICカードとRFタグはそれ自体いわば小型のコンピュータである。そのため，情報をやりとりする相手を認証する能力があり，不正な読み書きを拒否したり読む相手に応じて読み取らせるデータの範囲を制限するなど，さまざまなアクセス制御ができる。原理は，5-6図のようにハンディスキャナーや感知ゲートなどICチップに電力を供給し情報のやりとりをする装置類（総称してリーダー／ライタという）から発信される電波（電磁波）をエネルギー源としてICチップが作動し，無線通信によって情報の読み書きを行うもので

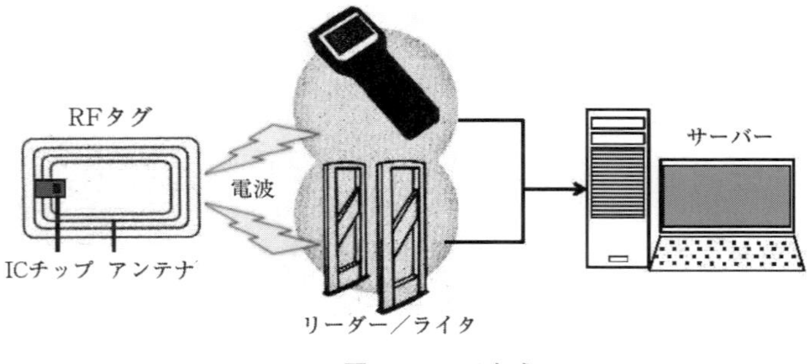

5-6図 RFタグ方式

ある。もっとも普及しているのはSuicaなどの乗車カードである。ICチップはエネルギーを受けなくても半永久的に情報は保持される。しかし，チップとアンテナの接合部の強度により現在の多くのタグの保障期間は10年程度と短い。

ICカードやRFタグとバーコードとのもっとも大きな違いは，バーコードは読み専用であり，一つずつスキャナーに正対させて読みとらなければならない，読みとる相手を識別できないのに対して，ⓘ格段に大容量の情報を記録できる（実際にはセキュリティ上と効率上から大量の情報は記録しないことが多い），ⓘⓘ同時に複数の情報を読みかつ同時に書き替えができる，ⓘⓘⓘ読み書き可能範囲が広いから，最大1m程度の範囲内であれば，正対させなくても＝不整形や動くもの，見えなくても，中間に障害物があっても（但し金属の遮蔽物以外）読み書きできる点にある。

図書館において利用登録カードをICカードとし，すべての図書館資料にRFタグを貼付して各種の利用者サービスと資料管理に利用するシステムが実用化（2001（平成13）年に最初の導入館開館）されている。このシステムを採用すれば，複数の図書の貸出・返却を一度に処理できるため処理速度が速く，自動貸出機，自動返却機の使用が容易になる。蔵書タグを汚損やはがされる恐れのある表紙面に貼る必要はない（しかし，実際には表紙面に貼られる館名を表記したラベルがRFタグであることも多い）。また，離れた距離から読み取れる（出力が弱いので20cm程度）ので，ハンディスキャナーを図書に向けながら書架の間を歩くだけで棚に並ぶ図書情報を読みとることができるから，これまでは数週間かかっていた蔵書点検が数時間程度で終了することが可能になる。BDSのように不正持出しを検知する装置のための付加的なしくみを図書に組み込まなくてよいから，職員の貸出・返却処理の手間及び処理ミスの節減が図れることが期待されている。

近年，インターネットを介したWeb予約の利用が増加しており，それに伴う業務の増加が図書館の大きな課題となっているが，RFタグへの電力供給アンテナを巡らした棚に予約本を並べ，利用者自身が探して取りだす方式が実用化されて，利用者の便と職員の作業量軽減が両立している（府中市立中央図書館：東京）。遠くない時期に，利用者が利用登録カードと借り出したい図書を持ってゲート内を通過するだけで貸出手続が終了することが実現しよう。

また，ICチップ内のデータは書換え書き加えができるから，他の図書館から図書が移管される，共同保存図書館で複数館からの図書を管理するなどの際に，簡単に新たなID番号などを付与することができる。

このシステムのさらなる普及には解決すべき課題も残されている。第一はICチップの価格が高いことであるが，普及が進めば安価なものとなろう。第二は読み取り精度の向上である。ゲート幅を広く，タグをより小型に，スキャナーの移動速度を速くという要請はいずれも高い読み取り精度実現と矛盾する。また，スチール書架など金属部材による電波の干渉で読みとれないこともある。第三は，使用周波数帯がタグのメーカーごとに異なり互換性がないことで，後々のタグメーカーの変更が許されないことや他図書館の図書に貼られたタグは読めない可能性がある。第四は情報の受け渡しを繰り返すことに伴うRFタグの寿命である。加えて，貸出・返却処理，入退館ゲート，蔵書点検のためのハンディスキャナー，自動貸出・返却機など，総合システムのための周辺機器を精度の高いもの，使いやすいものとすることも今後の課題である。

将来的には，大きな記憶容量という特性を活用した新たな図書館サービスの創出が期待される。

b．自動貸出機・自動返却（・仕分け）機

貸出の手続きを利用者自身が装置の指示に従って行うのが自動貸出機である。バーコードラベルに対応したものと，上記のICチップを用いた資料管理システムに対応したものとが存在する。特に，後者は一度に複数冊を処理できることから，RFタグ採用館では標準装備品といえる状況にある。貸出カウンターの近辺だけではなく，館内の各所に点在させている館もある。

自動返却機は，返却処理とともに再排架のために図書のおおまかな分類を自動で行う機械設備である。欧米の公共図書館では返却処理と再排架に要する人件費の節減と返却から再排架までの時間の短縮を目的に，1990年代半ばから開発が進められてきている。近年開館した多層型図書館には，各階のステーションに送る自動搬送機と組み合わせた大がかりなシステム構成が導入されている。わが国では，館外に設置されたブックポスト（自動返却機）と連結した自動仕

5-7図 自動貸出機（府中市立中央図書館）

分け機を備えた長崎市立図書館が欧米の例に近い。

なお，欧米の図書館では期限を過ぎてしまった返却には罰金を課することが一般的であるが，自動貸出と自動返却の両方を備える館では，支払わないと次回の貸出ができない方法をとっている。

2．室内環境要素の計画

（1）光環境計画

太陽光により明るさを得ることを採光，人工光源により明るさを得ることを照明という。快適な室内環境を得るためにも省エネルギーからも，採光と照明を調和させ適正な明るさを得るように計画する。

太陽光は時刻や天候により安定しないことや到達範囲に限界があること，直射日光は読書や図書，家具に悪影響を与える恐れがあることから適切な制御を行って採光する必要がある。特に，眺望や開放感を求めて南面や西面に窓を設けると，まぶしさや低角度からの直射光を嫌ってブラインドなどが下ろされたままの状態に陥りがちであるから，南面と西面の窓には軒庇をつけるなど，採光と遮光とを両立させる建築上の配慮が欠かせない。

また，照明は，単に読み書きに必要な明るさを提供するのみでなく，空間の雰囲気づくりに寄与する。室内全体を均一の明るさになるよう照らす全般（アンビエント）照明と，作業面などの必要箇所だけを明るくする部分（タスク）照明（作業照明ともいう）を適度に併用（タスク・アンビエント方式）したり，直接照明と光源からの光を壁面・天井面などで反射させてから使う間接照明との組み合わせ，蛍光灯と白熱ランプなど光源の使い分けも効果的である。

よい照明計画の条件はⓘ用途に適した適正な照度，ⓘⓘムラのない明るさの分布，とくにグレアの防止，ⓘⓘⓘ望ましい光色と演色性，ⓘⓥ設置費および維持管理費の経済性，ⓥ電球の交換など維持管理のしやすさ，ⓥⓘ器具自体の美しさ，の確保である。

グレアとは，視野内の不適切な輝度分布又は極端な輝度対比によって生じる感覚であり，不快感及び見る能力の低下を伴う。グレアには，ⓘ南面の窓や照明など高輝度の光源が視線の方向にあって見えにくくなるなどの直接グレア，ⓘⓘ鏡や窓ガラスに高輝度な光源が反射して目に入る反射グレア，及びⓘⓘⓘ光沢のある印刷面に光が反射して生じる光幕反射などがある。光環境計画において新たな課題となっている，パソコン画面への周囲の風景や照明の映り込みも光幕反射の一種である。映像資料の視聴ブースに置かれたテレビへの映り込みは以前から指摘されてきた。南面や西面の窓と並行方向に視線の向く机の配置や，利用者の背後から机上面を照らす照明，自由に高さや方向が変えられるデスクランプの設置，照明器具への遮光板の取り付け，間接照明方式の採用などによって，グレアの発生を避ける，グレアを除去することは快適な光環境計画に不可欠な条件である。

JISには作業や室種類別に維持すべき適正な明るさ（JISZ9110：照度基準：最終改正2010（平成22）年）が示されており，図書閲覧室のそれは500Lx（ルクス），パソコン操作などやや精密な視作業には750Lxである。一般的に高齢者向けには照度基準の1.5～2.0倍が推奨されている。

ルクス（照度）は「平らな照らされる面の単位面積あたりに入射する光束の量」を示す単位で，光束を示す単位としてはルーメンが使われる。光源から照らされる面への光束の到達には，両者間の距離と角度が影響する。デスクランプのように，光源と机上面が垂直でその距離が近ければ，低いルーメンの光源でも500Lxは得られる。逆に，高い天井につけた器具で，書架に並ぶ図書を照らす場合は，距離が遠く，光源と照らされる面が正対していないことから，500Lxを得るためには，ルーメン値の大きな光源を設置することが必要になる。

開架書架スペースにおける照明計画では，均等な照度分布を得ることが第一の要件であるが，大規模な大学図書館のように開架書架スペースの面積に比して接架する利用者密度が低い場合には，人の動きを検知する装置（人感センサー）などを用いて部分的に照明することも検討すべきといえる。夜間でも書架最下段まで充分な照度（最低でも200Lx程度）を確保することが第二の要件である。具体的には，通常の天井高の下での直接照明方式として，以下のような例がある。

①書架間隔の中央に書架列と並行に配置……均等な照度が得やすいが書架位置・間隔の変更に対応できない

②書架列に直交に配置……書架間隔の変更には対応できるが明るさのムラが生じがちである

③書架列とは無関係に配置……千鳥模様状などで，②と同様の課題がある

④光天井方式……天井全面に金属またはプラスチックのルーバーを張ったルーバー天井の裏に照明器具を設置し天井面全体を光源とする，などの例がある

また，梁の上側や書架上部などに乗せた照明器具から天井面を照らし反射光により室内を照明する間接照明方式は，照明効率は低くなるものの，おだやかで均等な明るさを得る手法である。一長一短であり，閲覧室ごとに総合的に判断する。地震対策から書架を床に固定するから，書架レイアウトの変更はきわめて稀なことと割り切れば①がもっとも効率が良い。

吹抜け下など天井が高い箇所の照明には，メタルハライドランプなど高輝度ランプをつけた天井埋め込み型の照明器具（ダウンライト）を用いるか，天井面から照明器具を吊り下ろす方法がある。近年，閲覧室面積の拡大に応じて天

井高も高くする館が多いが，そういった館では効率やランプの交換の手間などから，書架自体の上側部に照明器具を設置して書架面を照明する書架付け照明方式の実施例が増えている。

発光ダイオードを用いたLED照明は，低消費電力，長寿命，低発熱性など数多くの利点を有している。価格が高いこと，演色性に乏しいことなど普及の課題とされてきた点が解消されつつあり，東日本大震災以降の節電要請をうけて使用例が急速に増えている。

光の色の特性を表わすのに色温度（単位：ケルビン，K）が使われることが多い。白熱灯のように暖色系の光は色温度が低く（2800K），昼光色の蛍光灯では高い（5200K）。一般に，白熱灯のように低色温度の光源では低い照度が，高い色温度である蛍光灯の光源の場合は高い照度であることが「快適」と評価する人が多いとされている。

「エネルギーの使用の合理化に関する法律（省エネ法）」においてエネルギー管理義務に関する事項が2008（平成20）年に改正され，地方自治体にも自治体全体としてエネルギー使用量の管理が義務化された。電力使用料の軽減のためには，全般照明としては控え目の照度で室内全般を照明し，開架書架ゾーンなどを部分的に部分照明で補い，閲覧机などではデスクランプで読書面を照明する，タスク・アンビエント照明方式が基本といえる。

また，南面には夏季に日陰を冬には日差しをもたらす落葉樹を，西と北面に常緑樹を植えて建物を取り囲むことは，直射日光を適度に遮ることから採光に好都合であることはもとより，強風などの自然災害や交通騒音などから建物を保護し，省エネルギー効果や遮音効果を高めることができる。

（2）温湿度環境計画

室内の活動により汚染された空気を排出し，新鮮な外気や調整浄化された空気を供給することを換気といい，その際に温湿度や空気清浄度の調整をも行うのが空調（空気調和）である。暖冷房は温湿度だけを調整するもので，厳密には，空調と暖冷房とは区別されて使用されている。

閲覧室・事務室では用途に即した生理上の要件を満たすことに尽きる。労働者の安全と健康を確保するための労働安全衛生法の事務所衛生基準規則５条３項では「事業者は，空気調和設備を設けている場合は，室の気温が17度以上28度以下及び相対湿度が40パーセント以上70パーセント以下になるように努めなければならない」と定めている。図書館は幼児から高齢者まで多様な年齢層の利用者があることから，戸外温度の変化にあわせて，常に適温を保つようにする。

同一の室内ではできる限り均一の温度分布とする。建物の窓際側（外周部）は外気や日射の影響を受け，季節や時刻によって温度の変化が大きいが，室奥側（内周部）は比較的変動が少ない。外周部と内周部とで空調設備の設置密度や系統を変えるなどにより効率的に均一化を図る。特に出入り口付近での外気の吹き込みに注意する必要がある。

空調機にかかる負荷すなわち使用エネルギー量は，空調される室内空間の体積，目標とする温湿度，空気環境，運転時間などによって異なる。広いワンルームで天井の高い開架閲覧室は，体積が大きいため負荷が大きい。とりわけ暖房時，暖めた空気は上に冷気は下に集まるから，室内空気を強力に循環させるための負荷が増える。こうした大きな床面積，高い天井の閲覧室で採用例が増

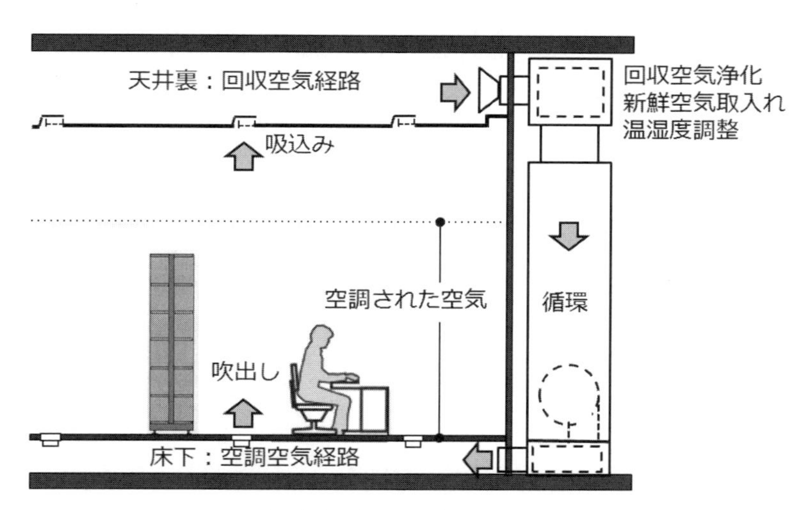

5-8図　床吹出し空調システム

加しているのが，床吹出し空調システムなどの居住域空調方式である。これは，在室者の体感域である床から高さ２m前後までを快適空間にすることを目標に，床下ダクトなどを用いて床面の吹出し口を通じて空調空気を供給する方式である。空調空間を最小限にすることで空調負荷の低減が図られる。温度差による自然の対流を利用することから，吹出し口と吸込み口での風切り音の発生や風の発生はない。

在室者の存在によって室内の空気は汚染されるので，常時一定量の汚染空気を吸い取り装置に戻された空気（環気）をフィルター等で浄化するとともに，適量の新鮮空気（外気）を加えて温度湿度の調整をした上で再度室内に供給（給気）して循環させる。これが換気である。空調に要するエネルギーの多くはこの新鮮空気を設定温度にすることに使われるから，新鮮空気の取り入れ方には注意を要する。そして室内の空気がよどみなく循環するよう吹出し口，吸込み口の位置に注意する。

書庫では恒温恒湿に留意し，室外の温度変化に影響されない位置や床・壁仕上げとする。通常の書庫にあっては，書庫と閲覧室・事務室との温湿度の差が著しいと本を傷めることになるし，出納にあたる職員の健康にも不適当である。そのため，厳重な保管を要する一部の資料を除いた書庫の室内環境は，閲覧室などと同等かあまり差がないように設定する。

そのほか，館内の空調は事務室内などで集中的に管理できることが必要であるが，集会室を閉館時間以降も使用する場合なのは，関連スペースを含めその範囲だけを空調できるようにするなど，部分ごとにコントロールできるシステムとすることが欠かせない。

（3）音環境計画

音環境の計画では，まずコンクリートやレンガなど重い外壁材，気密性の高いサッシュによって外からの騒音の侵入を防ぎ，次に館内での騒音の発生と拡散を防ぐことで良好な音環境をつくり出すが目標となる。

道路を通行する車の騒音など館外からの騒音に対しては，そもそも敷地内での建物位置の決定の際に考慮すべきであるが，建築的には遮音効果の高いコンクリートなどの重い外壁材を用いること，窓などの開口部の位置を工夫すること，気密性を高めた防音サッシュの使用などが対策である。

音の強さの単位はdB（デシベル）であり，騒音レベルは人間の耳に聞こえる音だけを取り出したdB(A)で表わされる。騒音が10dB(A)あがると2倍うるさく感じるとされる。一般的なオフィスでの許容騒音レベルは45〜55dB(A)とされているから図書館の一般閲覧室もこの程度を目標値とすべきであろう。館内の主な騒音源は次の3種であり，対応策を列挙すれば，

①歩行音……床と履物とが発する音の対策は柔らかな床材の選択につきる。繊維系のカーペットであれば吸音効果も期待できる

②会話者……利用者どうしの会話はモラルの問題である。職員と利用者間の会話は，ある程度容認されるべきであるが，レファレンス室などで，それが他の利用者の支障になる場合には相談デスクの配置などに工夫する。相談デスク付近に遮音できる相談ブースを設けている例もある

③機器からの発生者……コピー機のモーター音，プリンターの音，電話のベル，空調の吹出し音などがある。騒音発生の少ない機種の選択やコピー機やプリンターは吸音性の高いついたてを巡らせたブースの中に設置するなど，発生した音が拡散する前に吸音または遮音する。また，利用者からの要望に応えて，館内に携帯電話で通話できる遮音のブースを設ける事例も増えてきている

音環境計画に関連して，これまで図書館では総じて「静かさ」を強く求める傾向があったが，在館者数の増加した今日の図書館では，特別な閲覧室を除いて，適度な騒音の分布は親しみやすさを増すと考えるべきであることを強調しておきたい。ことさら静かさを求めることが，小さな子ども連れの来館者に居心地の悪さを感じさせていることを認識すべきである。子どもの図書利用には動きと声が伴うので，児童書コーナーは騒音のある場所となりやすい。大きな声で騒いだり走り回って良いということではなく，子供たちにも公共の場であるという認識をもたせたいが，ある程度までは許容される場にできるよう，児童書コーナーの位置，床・壁・天井の仕上げ，仕切りの設け方などでの工夫が求められる。

従来，大学図書館などでは，静かな閲覧環境を生み出すためタイプライター

室やグループ学習室など，音や騒音を発する者を専用室で区画してきた。これが昨今では，ラーニング・コモンズに代表されるようにパソコン使用者やグループを開放的な環境に配置する一方，静かさを求める者が利用するよう研究個室や読書室など区画された室を設ける方向に変化してきている。

天井が高く，書架に多数の図書が並ぶ開架閲覧室は，音環境上は有利な状況にある。天井が高いことによって，音が空気中で拡散し天井での反射も少ないので，騒音レベルを低くおさえることができる。また，書架に並ぶ本は細かなすき間を多数つくり出しているから，垂直面では十分な吸音性能を有している。

閲覧室に吹抜けを設けるのは騒音が上の階へと拡散するので，設ける場合にはその位置や遮音に十分な配慮が必要である。一般的に１階は動的な空間２階は静かな空間とすることが多いにもかかわらず，吹抜けの存在はその秩序を乱してしまう。

低音量で音楽や自然音を流すBGM（バック・グラウンド・ミュージック）は，音で騒音を聞こえなくするマスキング効果を意図した手法である。隠したい騒音より低い周波数であると，また強い音波であると効果が高いとされる。設置館で利用者に評価を聞いた調査の結果では利用者の評価は分れるので，ゾーンや部屋ごとに分けるなどの配慮をしたい。

（4） 色彩計画

建物の色彩計画とは，色彩の持つ物理的な特性や心理的な効果を利用し，空間を秩序づけることである。第二次大戦後に米国から導入された人間工学の知見に色彩調節（カラーコンディショニング）がある。色彩調整とは，病院の手術衣を青緑色にするなど，配色によって安全で能率的な作業環境や健康的で快適な生活環境を創出するという理論と技術をいう。赤やオレンジなどの暖色は暖かさを感じさせ，緑や青などの寒色は人間に涼しさを感じさせるなど，見える色により気持ちのコントロールができるとされる。色彩の与える感情的影響には寒暖，軽重，軟硬，強弱，明快・陰気，興奮沈静，地味派手感などがあるといわれているが，例えばトイレを示すサインで男性は青，女性は赤というように人々の習慣に基づく固定観念や，連想に基づく感情の想起ということもあり，個人差や前後関係などによって異なるため，1960年代以降，色彩調整理論は全てが合理的であるとはいえないとされるようになった。しかし，穏やかな色調の館内に原色を持ち込むことで人目を引くなどサイン計画や，危険防止の安全色彩として応用されている。

色については，光環境とともに空間の印象を決定する要素が大きいが，加齢による見え方の差や個人の好み，経験，文化の差などがあるため，使い方に注意する必要がある。壁などの塗り色を決定する際には，見本を用いて比較検討することになるが，一般に，面積が大きいほど明度と彩度が高く見えその色らしくなるから，大きなサイズの見本で検討するのがよい。

3．サインの計画

（1）サイン計画の重要性

今日，利用者の多様化，施設の大規模化，複雑化などからサインの重要性は増している。良くデザインされた案内・サインであれば利用者は戸惑いなく館内を使いこなすことができるから，職員の案内業務は軽減する。このように，サイン計画は図書館の使いやすさを左右する重要な要素であるが，設計者からも行政の建設部局や予算措置でも，もっとも軽視されがちな事項でもある。そのため，図書館側が積極的に関係者に働きかけるとともに，サービス方針や利用者ニーズをふまえ主導権をもって検討にあたることが大切である。また，サイン計画は個々のサインごとの形状，表示内容，文字の書体・大きさ・レイアウトの検討から，設置個所，取り付け方法，照明のあて方などに及ぶ。大型サインなどいくつかは電気配線や壁の仕上げや強度など建築設計にも関連するため，適切に反映されるよう早い段階から検討を開始する必要がある。

サインは建築や家具との調和が求められ，図書館ごとに独自の要求もあるから，ごく小規模な図書館を除いて，既製品から選択するよりもオリジナルデザインとすべきである。一般に，サインは見本品を造ることが容易であるから最終決定の前に実物大模型で検証するのがよい。

（2） サインの種類

サインを伝達方法で分類すると以下である。

- 視覚情報サイン……文字，図，絵文字（ピクトグラム），記号，光，色彩，形など。
- 触覚情報サイン……点字，浮出し文字，立体形状，感触（素材），温度，振動など。
- 聴覚情報サイン……チャイム音，ベル・サイレン，音声，メロディ，補聴システムなど。

この他に，ガス漏れをわからせるために本来無臭の都市ガスに不快な臭いを混ぜる臭覚情報サインがあるが，図書館では用いない。

次に，図書館でのサインはその表示する内容によっては大きく次の5種に分類できる。

- 案内………………全館や階別に全体像を示し，各部の位置関係を明らかにするもの。総合案内，各階案内，掲示板など。
- 誘導………………目的事物への方向を示すもの。矢印サインなど。
- 識別（定点）……事物の名称や場所を示して他と識別させるもの。館名，階数，室・コーナー名，書架内容サインなど。
- 指示（規制）……禁止・規制，避難・誘導など。
- 説明………………利用説明，操作法説明など。

これらは必ずしも明確に分離されるものではなく，一つのサインがいくつかの機能をあわせもつことも多い。複合的なサインには，目的地への経路を重視する線的なものと，目的地を重視する面的なものがある。後者は利用者に経路を選択させるもので階別マップなどがこれに該当する。一般に，利用者は迷った時に情報を求めるから経路選択の余地が大きい面的サインシステムの方が望ましい。

また，サインは常時表示する固定的なものと必要な時にだけ表示するものとに分けられる。設置方法別に分類すれば次のように分離できる。

- 吊下げ型……天井などから吊り下げて設置する。誘導や識別サインなど。

- 壁付け型……壁面など垂直な面に設置する。案内，誘導，識別，規制サインなど。
- 突出し型……壁面などから突出して設置する。識別サインなど。
- 自立型………地面，床面，机の上などに立てたり置いて設置する。案内，誘導など，特にサインの存在を強調する場合。
- 床面型………床面に直接書いたり貼り付けたり埋込んで設置。誘導ブロック，規制サインなど。

そしてそれぞれで，ⓘサインが照明を内蔵して光を発する「内照式」，ⓘⓘ壁や天井に設置した照明により光をあてられる「外照式」，ⓘⓘⓘもっとも一般的な「照明なし」がある。

（3）サイン計画における留意点

a．システムとしての統一性・連続性

入口から目的の場所へ，そして書架から閲覧スペースやカウンターへという利用者の行動をスムーズに誘導し，利用者が必要な時に必要な情報を容易に得られるように一貫したシステムとして計画する。

b．見やすく，わかりやすく，美しい表現

子どもから高齢者まで，サインは見つけやすく（視認性），わかりやすく（伝達性），美しい（造形性）ことが大切である。利用者に理解されにくい専門用語（例：レファレンス）は用いない。文字や絵文字（ピクトグラム）は，奇をてらわず読みやすくわかりやすいものを使う。検討事項としては，外国語による表記をどの言語で，どの範囲まで行うかであろう。

c．サインの設置個数は少なく

情報伝達を文字や絵文字だけと考えない。例えば，階やゾーンごとに固有の色を決めて壁や床の色に使えばそれが識別サインになるし，カウンター前の照明を他よりも明るくすれば誘導・識別サインとなる。高価な革張りのソファを置けばそこが他と異なる雰囲気の場であることを伝える。

d．サインの制作が容易で互換性が高いこと

図書館は時を経るに従いサービスの内容が変化し，指示すべき内容も変わってくる。開館してからサインの必要性に気づくこともある。また，書架に排架される資料の分類区分などは比較的頻繁に変化するため，書架サインの表示もそのつど変わる。これらが図書館において館員手作りの貼り紙サインがあちこちで見られる原因でもある。

図書館のサインは後々の書き加え，書き替え，移設への対応が容易であること，新たな制作に多くの費用がかからないことが，サインシステムを維持していくうえで大切である。そのためには，各種の文字，表記方法，寸法，取付け方法等を規格化し，書き加えや新たな制作の際にも統一が保たれるように仕様書を作成しておく必要がある。

（4）デジタル・サイネージ（Digital Signage）

表示と通信にデジタル技術を活用して平面ディスプレイなどに映像や情報を表示する媒体をいい，図書館にも活用例が表れ始めている。デジタル通信で表示内容をいつでも受信が可能であり，内蔵記憶装置に多数の表示情報を保持することも可能であるから，時間帯によって表示内容を変えたり，タッチパネル式でOPACなど利用者自身が欲しい情報を選べる双方向性の情報提供や，緊急時には通信ネットワークを介した情報を提供するなど，多様な使い方が可能

5-9図　デジタル・サイネージ
（シュトットガルト市立図書館）

5-10図　デジタル・サイネージ
（明治大学和泉図書館）

である。タッチパネル式は，利用者に合わせた画面表示切替えで多言語に対応できる，表示情報種類別に利用者の閲覧・利用数が測定できる，座席の予約・利用状況確認などサイン機能以外にも使用できるなどの利点がある。当然，後々の書き替え書き加え要求にも容易に対応できる。

6章　施設の維持管理・災害対策

1. 施設の維持管理

（1）はじめに

建物は，使用開始後年月を経るにつれ古くなり，やがては解体される。その間には，建物自体と家具・設備が最良の状態で使用されるように維持されなければならない。維持管理には，清掃やちょっとした不具合の修繕など日常的なものから老朽化に伴う補修，法令の定めや耐用年限に応じた設備や機器の保守・更新，そして突発的な故障や災害からの復旧までが含まれる。また，図書館の活動・サービス内容変化や発展により，家具の配置替え部屋の模様替えが行われたり，さらには一部ないし大幅な改築・増築が行われることがある。

維持管理の目的は，図書館の活動や取り巻く環境の変化に対応して常に，その時の図書館の活動にとって「役に立つ」建物であることを確保し続けることにある。それを，適正かつ効果的に実施することにより建物の全寿命にわたる合計費用を最小にするとともに，地球環境の保全・省エネルギーに貢献しながら実現することが課題である。

（2）ファシリティマネジメントとは

施設の維持管理はこれまで，何らかの故障や欠陥が生じてから初めて措置がなされる事後保全に重きを置く考え方が一般的であったが，施設機能の変化発展が急速であることや資産管理の考え方の変化に伴い，建物の建設計画から解体までを一貫した考え方でとらえる必要性の認識が高まり，1990年代半ばからアメリカで生まれたファシリティマネジメントという考え方が広く普及してきている。

施設を経営のための資源としてとらえて，組織およびその活動の活性化・最適化のために最大限活用しようとすることをファシリティマネジメント（FM）という。図書館に日本FM推進連絡協議会の定義をあてはめれば，「図書館がその活動のために，施設とその環境を総合的に企画，管理，活用する経営活動」と定義できる。施設とその環境がファシリティである。ここでいう施設とは図書館の建物と敷地内の駐車場等をいい，環境とは光，音，熱，空気，香り，色，空間などの館内環境と，近隣，地域社会そして地球環境まで図書館を取り巻く外部環境も含む。したがって，本書で取り扱ってきた，市内のどこにどのような役割を担う図書館を設置するかから始まり，建物の姿かたちと内容の検討と実現，維持管理，そして使用後の解体撤去までがFMの範疇である。

（3）ライフサイクルマネジメント（LCM）

ライフサイクルマネジメントとは建築の構想・計画段階から使用期間を経て解体に至る全期間にわたって，建築物の目的に合致した姿かたちを創り出し，これを維持・向上させつつ地球環境への影響や費用を抑制することを目的に，企画・計画・設計・施工・維持管理を行うことと定義できる。その意味ではFMとほぼ同義といえるが，LCMではLCC（ライフサイクルコスト）の削減を主要目標に据える点を特徴とする。

LCCとは建物の生涯に要する費用のことで，建物の企画から設計の段階，建設段階，維持管理段階および解体・廃棄処分段階における関連費用の総計をいう。これに土地代を含める場合もある。中規模なオフィスビルを60年間使用するケースを想定した1979（昭和54）年の建設省（当時）試算では，企画から建設までの費用は20％前後に過ぎず，残りの80％は建物で使用する光熱費，修繕費，清掃費など維持管理にかかる費用，解体・廃棄の費用は１％とされる。現在では解体・廃棄の費用は額としては大きなものであろうが，建物の長寿命化により維持管理費もさらに増加するから，比率には大きな変化はなく，LCCの縮減のためには徹底した省エネルギーの計画，維持管理しやすい建物，建物の各部材や設備機器類の更新や修繕がしやすい建物を目指す必要性が強調できる。

(4) 省エネルギー

地球環境の保全はすべての人と組織が果たすべき責任である。サステナビリティ（持続可能性）を向上させるために地球環境への負荷を軽減していかなければならない。

省エネルギーの歴史は1970年代の石油ショックによる石油価格・電気料金の高騰を契機とする。1979年の第二次石油ショック直後に「エネルギーの使用の合理化に関する法律（省エネ法）」が制定施行された。1990年代になり地球環境問題が国際的に取りあげられ，1992（平成４）年には国連地球サミットで「持続可能な開発」が提唱され，その一つの手法としてエネルギー使用の削減がすべての人の課題とされた。1997年には温室効果ガスの排出抑制を目標とした京都議定書（日本は2012年までに1990年と比較して６％の削減）が作成された。2008年の省エネ法改正により，2,000㎡以上の図書館を新築する際には，窓の断熱性など，定められた事項についての省エネ措置の届け出が必要であり，以降毎年その維持保全状況を定期報告することが義務づけられた。2011年の東日本大震災以降は，電力供給の不安定化により節電対策が焦点となっている。

温室効果ガスの代表は二酸化炭素（CO_2）である。$LCCO_2$とはライフサイクル CO_2の略で，建築に起因する二酸化炭素の排出量を削減するために，建物寿命１年あたりのCO_2排出量を算出して評価する手法をいう。各種建設資材の製造過程から建物の解体・廃棄までのエネルギー消費量，CO_2排出量，廃棄物負荷等を算出し総合評価する。しかしこの算出には膨大な時間と手間がかかることから，国土交通省は簡易評価システムを開発し，設計・建設期，使用期間，修繕・更新・解体期の３期間に分けて評価できるようにしている。

(5) 機能更新可能な長寿命建築

ニューヨークマンハッタンに40階以上の高層ビルはおよそ140棟あるが，ごく初期のものを除き，1900年以降に建設されたビルで解体されたものはほとんどないといわれる。対して日本では，耐震性能の問題もあるが，1960年からの高度経済成長期に建設されたオフィスビルは30年から40年の短命で解体・建替えられている。そして，取り壊し理由に関する調査結果では，所有者の変更，取り巻く社会的・経済的な環境の変化，事業目的の変化などがほとんどで，物理的劣化が理由となった例は少ないことが明らかにされている。つまり，老朽化による建築物の物理的な寿命よりも「役にたたない」という耐用性の限界を理由に取り壊されているのである。図書館建築の寿命年数と更新理由についての調査はないが，官庁建物では30年経過すると「老朽施設」に分類されることから，平均して40年程度であり，その理由は狭隘化等耐用性であろう。

建設資材の生産，運搬および建設工事，そしてその後の使用期間におけるCO_2排出量，すなわち建築関係での１年のCO_2排出量合計を1995（平成７）年時点でみると，国内全排出量の43％に達する。当然，部材の生産および建設現場での排出量が大きいので，設計すなわち部材選びの段階から省エネルギーを意図した建物を，長い期間使い続けることはCO_2など温室効果ガスの排出量削減に多いに貢献する。これらから，日本建築学会は，1997年12月に公表した「気候温暖化に関わる建築学会声明」において，「$LCCO_2$の30％削減，建築の寿命を３倍（100年以上）を目指すべきであり，可能である」としている[1]。

図書館での狭隘化・老朽化の実態は，今日的な図書館サービスの展開が不可能であり，開架冊数の絶対的な不足などニーズに合わないことである。したがって，図書館施設の長寿命化の一つの方策はスケルトンインフィルの考え方を取り入れることである。建物の骨格部分であるスケルトンには100年以上の耐久性，耐震性をもたせ，内部のインフィル（内装・設備等）を必要時に変えることで時代変化や多様化するニーズに対応していく方法である。茨城県立図書館は，1969（昭和44）年に建設された旧県議会議事堂をスケルトン部分に手を加えることなく，床・壁・天井しあげの一新，トイレの増設や冷暖房設備の更新などインフィル部を改修して2001年に移転開館した。それは，議事堂ということで当初設計段階で，高い余裕度を見込んだ建築構造強度など，スケルトンに十分な耐久性・耐震性が与えられて建設されていたためである。

１：社団法人日本建築学会．“気候温暖化への建築研究分野での対応”．社団法人日本建築学会地球環境委員会 Web サイト．http://news-sv.aij.or.jp/tkankyo/s0/tkankyo/arc02.html，（参照2014-01-10）．

(6) 階層別のファシリティマネジメント

ファシリティマネジメントでは，施設のあり方を追求する経営レベルのFM，施設の年間運営・維持計画の策定し実施して評価する管理レベルのFM，そして施設の運営維持の合理化，具体的な不具合の発見など日常業務レベルのFMの三つの階層別のFMが効果的に連携して行われるべきであるとされる[2]。

大規模図書館を除いて，一般的な館においては施設管理を専門キャリアとする職員が配属されることはない。したがって，経営レベルは館長が，管理レベルは館長と会計係などの職員が，日常業務レベルは全職員が担当する。経営レベルのFMでの任務は，中長期の目標設定である。具体的には，取り巻く環境と利用者ニーズの変化を把握する一方で自館のファシリティの現状を分析し，最適な図書館サービスの提供のために増築や改築，模様替えなどの必要性の評価，施設機能・機器の向上・更新計画や省エネルギーの一層の徹底計画などの策定が挙げられる。それをもとに教育委員会や自治体執行部・議会からの理解を得て実現へと導く。管理レベルでは，毎年の運営計画の立案である。法定点検への対応など定常的な事柄に加えて，年度の重点目標に対応した計画，部分的な改修の計画などを策定し，実行への筋道を立てる。この基礎となるのが現施設の評価・点検に基づく問題点の発見である。設備や室・スペースの利用度を調査する，利用者へのアンケート調査を実施する，光熱水費の推移の分析などによって改善点の抽出を行うことで，運営計画に反映させる。

日常レベルにおけるファシリティマネジメントに関する館長および経営管理系職員の仕事は，施設内に危険な箇所はないか，防災設備の動作環境は保たれているか，防犯上の問題点はないかなど安全・安心の視点で，定期的・日常的に巡回点検することである。

日常的なレベルでの施設管理は，一般の職員に委ねられる部分が多い。施設は使われることで時間とともに劣化する。同時に，利用者と職員の施設に対するニーズも変化する。そのため，図書館職員には，日常のそれぞれの業務を行

2：FM推進連絡協議会編．総解説ファシリティマネジメント．日本経済新聞社，2003，513p.

っていく中で，施設が現在の使用目的に適合しているか，円滑な業務の進行を妨げる原因となっていないか，不具合はどこでどのように発生しているのかについて気を配り発見することが求められる。しかし，変化は時間をかけて進行するものであり，人は長い間使っている施設に順応するから，不都合に気がつきにくくなる。そのため，館内の温度，明るさ，音などの状況，混雑している場所など利用者の館内での分布状況，椅子の張り布の破れや家具・壁のらくがきの発見など，項目別に特に気を配る日を決めて問題箇所の発見に努めるのがよい。利用者として他の図書館や書店などを見学することも問題発見につながることがある。また，電灯がつかないなど設備・機器の異常・故障など発生あるいは確認された時は，担当者がすみやかに対応する。

2．自然災害への備え

（1）防災

建物をおそう災害は地震，暴風雨などの非常災害と，慢性的な大気汚染や道路騒音などの日常災害に大別できる。自然を原因とする非常災害すなわち自然災害は地震，暴風雨，豪雪およびこれらに誘発される洪水や高潮・津波などが挙げられる。人災と呼ばれる人為的原因をもつ非常災害には，火災や爆発から，水道栓の閉め忘れなどでの漏水事故，あるいは犯罪的な破壊行動などが含まれる。非常災害と日常災害から，人命と資料の安全を守り，図書館の機能を保持することを建築技術によって保障するのが防災である。

災害から人命を守ることは防災の第一の条件であるから，3章7節で見たように，建築基準法や消防法などでさまざまな規定がされている。例えば，図書館の建物は法に定める耐震能力を有していること，耐火建築物でなければならないこと，火災の早期発見のための火災報知設備や防火シャッターなどの防災設備の設置，避難のための非常口の設置，そこへの誘導サイン，サインに導かれ30～50mも歩けば避難口に達することができるような避難経路とその通路となる非常階段の有効幅などである。また，建築基準法など国の法律は，安全確保のため最低限の基準規定であるから，地方自治体は条例や規則によって，地域固有の災害への備えなど，建物の防災基準をより細かいレベルまで規定している。

図書館などの公共建築物は，大規模災害の際に一時的な避難場所となることや，その後の物資や情報の提供場所となるなど，物心両面にわたり住民の拠り所となることから，計画の初期段階から想定される災害と被害に対する防災を考え，より高い安全性を追求していかなければならない。

災害時に在館者が身を守り，安全な場所まで避難できる避難安全性を確保するためには，床で転ぶ，階段で足を滑らせるなどの日常的な事故の発生がない建物であることが基礎要件となる。東日本大震災では，館外への避難時に利用者は日頃は使わない避難階段からではなく，慣れた径路つまり日常的に使用している階段と出入り口から避難する傾向が強いことがわかった。このことからも日常安全の重要性が確認できる。しかし，日常安全の確保策は，建築法規の及ばない範囲であることが多いから，設計時にきめ細かく配慮することでその可能性を排除することが求められる。例えば，吹抜けなど落下の危険がある場所での手すりは，建築基準法で高さ110cm以上と定められているが，取り付け強度についての数値基準はなく「脱落しないようにする」という規定である。また，手すりの柱（手すり子という）の形状についても規定はなく，幼児や子どもがよじ登れる横桟のデザインであったり子どもの頭が通り抜けるおそれのある間隔で設置されているなどの事例が図書館建築でも見受けられる。

（2）建設地と地盤

「災害は忘れたころにやってくる」といわれるが，自然災害は繰り返し発生している。地震（津波），水害（洪水・高潮），火山活動，豪雪など，建設（候補）地の災害記録をチェックするとともに，これをもとにした災害予測図を確認する必要がある。自然災害における危険度は敷地選定の際の評価ポイントの一つである。敷地として確定している場合であっても，建物の配置等に反映させるべき項目である。

なお，災害予測図はハザードマップと呼ばれるが，洪水や津波，火山噴火など災害発生時に，住民が安全に避難できるよう被害の予想区域や程度，避難場所などを示した地図である。これまでは費用がかかることや危険地帯と判定された地域の不動産価格が低下する恐れなどから作成が進んでこなかったが，東日本大震災を教訓に各自治体が作成ならびに従来版の大幅な修正に取り組むなど，急速に整備されるとともに住民からの関心も集めている。自治体ごとの各種ハザードマップは国土交通省の Web サイトで一括公表されている。同サイトでは，河川洪水，内水（雨水，下水）の氾濫，高潮，津波，土砂災害，火山の各ハザードマップ，地震防災・危険度マップそして地盤の状態を示す土地条件図などがまとめて掲載されている。また東京都建設局の「洪水ハザードマップ」のように都道府県からも独自で各種のハザードマップが公表されている[3]。

次に敷地の地盤に関しては，建築基準法第19条２項で「湿潤な土地，出水のおそれの多い土地又はごみその他これに類する物で埋め立てられた土地に建築物を建築する場合においては，盛土，地盤の改良その他衛生上又は安全上必要な措置を講じなければならない」，４項で「建築物ががけ崩れ等による被害を受けるおそれのある場合においては，擁壁の設置その他安全上適当な措置を講じなければならない」と，地質に関する調査データなどから適切な措置が義務づけられているが，周辺の地質，急傾斜地の存在，近傍の河川等は必ず調査すべき要素である。

3．災害に強い図書館

（1）地震

a．地震と建築法規

日本における建物の耐震設計法は，1923（大正12）年の関東大震災（大正関東地震）の翌年に改正された市街地建築物法にはじめて取り入れられた。その後，1950（昭和25）年の建築基準法制定以来，建築関連法規は大地震の経験を

3：国土交通省国土地理院応用地理部．“国土交通省ハザードマップポータルサイト”．ttp://disapotal.gsi.go.jp/index.html，(参照 2013-11-07)．

いかすべく改定され続けてきた。その状況を概観したのが6－1表である。

1981（昭和56）年に，それまでの地震に対する教訓と研究の成果を集大成して新耐震設計法と呼ばれる新耐震基準に大改定された。この大改定では，建物を設計する際に二段階の規模の地震について検討することが義務付けられた。

6－1表　地震と建築関係法規

年	地震　および　建築関係法律	内容等
1923	大正関東地震（関東大震災）	M7.9
1924	市街地建築法改正	耐震基準の導入
1950	建築基準法制定	市街地建築法は廃止
1964	新潟地震	M7.5　液状化による被害
1968	十勝沖地震	M7.9　鉄筋コンクリート造建物破壊
1971	建築基準法施行令改正	鉄筋コンクリート造の柱補強について改正
1978	宮城県沖地震	M7.4　大都市での大地震，ライフラインの停止
1981	**建築基準法施行令大改正**	**新耐震設計法の導入**
1993	北海道南西沖地震	M7.8　津波
1995	兵庫県南部地震（阪神・淡路大震災） 建物の耐震改修に関する法律（耐震改修促進法）制定	M7.2 1981年以前の建物で大きな被害 1981年以前の建物に耐震診断を義務づける
2003	三陸南（宮城県北部）地震	M7.0
2004	新潟県中越地震	M6.8　直下型地震，最大震度7
2006	耐震改修促進法改正	2016年までの耐震改修の目標値を設定
2007	新潟県中越沖地震	M6.8　柏崎刈羽原子力発電所で火災
2011	東北地方太平洋沖地震（東日本大震災） 長野県北部地震	M9.0　観測史上最大の規模 M6.7

第一は，その建物が存続する間に２～３回遭遇する可能性がある中規模の地震に対し，建物の被害が軽くて使用再開に支障がないことを目標基準としている。第二はその建物の存続中に１回遭遇するやも知れない大規模な地震に対する検討で，ある程度壊れても倒壊せず人命を守ることを基準としている。

一般に，1981（昭和56）年６月１日の新耐震設計法適用以降に建設された建物を「新耐震の建物」，以前のものを「新耐震以前の建物」と区別する。

国土交通省のまとめによる阪神淡路大震災（1995（平成７）年）での建築物被害調査では「新耐震以前の建物」は全体の約28％が「倒壊・大破」，「中・小破」が37％，「軽微・無被害」で35％であり，「新耐震の建物」ではそれぞれ９％，17％，74％と有意な差があることが判明した。これらから，新耐震設計法の考え方は概ね妥当であるとみなされ，現在に至るまで基本を変えるような大きな改正は行われていない。東日本大地震でも「新耐震」建物の地震そのものによる「倒壊・大破」は報告されていない。

一方，上記の結果から1995年12月に「建築物の耐震改修の促進に関する法律（耐震改修促進法）」が施行された。この法は，新耐震以前の建物のうち，図書館では３階建て以上で延べ床面積が3,000㎡の所有者（自治体）に，建築物が現行の耐震基準と同等以上の耐震性能を確保するよう耐震診断や改修に努めること（努力義務）を求めるものである。同法は，2004年の新潟県中越地震を経た2006年に改正され，対象とする建物種類を増やすとともに，向こう10年間で耐震化率90％という具体的な数値目標を掲げた。

図書館は，日常的に不特定多数の利用があり，災害時には応急活動を支える施設，要援護者施設として使用する可能性もあることから，大地震が発生した場合であっても利用者を守り使い続けられる建物でなければならない。そのためこれらの施設においては地震に対する安全性をより高めるために，国の「官庁施設の総合耐震計画基準」に準拠して，新築時の構造設計に際して用途係数（重要度係数ともいう）を1.2ないし1.25とすること，すなわち耐震性能を法の定めよりも20～25％増しとすることが一般に行われている。

ｂ．耐震，制震，免震

建物の地震に対する対応の仕方を分類すると耐震，制震，免震に分けられる。

耐震は，地震の力に対して柱や壁など構造体の強度や粘り強さで耐える建物とする考え方で，建物を頑丈にし，地震力を受けても倒壊しないようにする。従来の建物はすべてこの構法によっており新耐震設計法も耐震構造を前提としている。大地震では被害を受ける可能性が大きい。また，繰り返しの地震においては，破壊は蓄積されていく。制震は，建物自体に組み込んだエネルギー吸収機構により地震力を減衰させたり増幅を防ぐことで振動を逓減させて，地震の揺れに耐える建物とする考え方で，構造体の損傷が軽減されるため繰り返しの地震に有効とされる。大規模建築物に採用する事が多かったが，近年では戸建て住宅への効果も検証され採用する例が急増している。次の免震に比べてコストは安い。エネルギー吸収機構にはオイルダンパーなどを使用する。

免震は，地盤と建物との間に免震装置を入れて絶縁することで，地震の揺れをほとんど受けない建物とする考え方で，大地震にも建物の損傷はほとんどなく，そのまま継続することが可能である。

図書館を免震構造とした場合には，書架の転倒など地震の揺れによる内部被害は大幅に軽減できる。あらゆる規模の建築物に有効だが，これまではコストが大きいので，病院や消防署など防災拠点に採用されてきた。しかし，東日本大震災以降戸建て住宅でも採用されるなど事例が急増している。地下の基礎に免震装置を設置する場合には，揺れる地盤と揺れない建物との衝突を防ぐため周囲に「から堀」を巡らせる必要から，比較的単純な平面形であることが望ましい。装置設置階より下は耐震，以上を免震にする柱頭免震構造もある。

c．既存建築物の耐震補強

1981年以前の旧耐震設計法で建設されている建物は，耐震構造設計の考え方がまったく異なるため，新耐震設計法と同じ方法では耐震性を比較できない。そのため，耐震診断では建物の強度や粘り性能，姿かたち（平面形，断面形）および経年劣化度を考慮した耐震指標（Is 値）を算出する。十勝沖地震と宮城県沖両地震の被害建物の調査結果等に基づき，耐震改修促進法の告示では震度６～７程度の地震に対し下記の判断が示されている。

Is ＜0.3　　　の建物：倒壊し，崩壊する危険性が高い

0.3≦ Is ＜0.6の建物：倒壊し，または崩壊する危険性がある

Is ＜0.6　　の建物：倒壊し，または崩壊する危険性が低い

すなわち耐震指標0.6以下の建物については耐震補強の必要性があると判定される。一般には耐震補強の目標性能はIs 値0.6以上であるが，図書館など重要施設は0.7以上とされている。

d．仕上げ類および家具の被害を防ぐ

前記のように新耐震設計法に基づき設計され正確に施工された建物，それ以前の建物であっても適切な耐震補強がなされた建物であれば，大地震にも倒壊せず人命を守る。したがって，地震後も図書館機能を保持するためには，①天井板，天井に取り付けたり吊り下げた照明器具，天井面に設置した空調機や空調吹出し口の落下，窓ガラス等の破損・飛散，②書架や間仕切り壁の破壊・転倒，③水道やスプリンクラー配管の破損・漏水による資料の水損，そして④机や書架から本や物が落下して避難経路をふさいでしまうなど，いわゆる非構造部材および家具などに起因する被害・事故を防ぐことが今後の課題である。

家具では書架の地震対策が重要であり，それは以下のようにまとめられる。

❶書架自体の地震対策　強い地震で高書架はしょうぎ倒しになり，低書架は横に移動する。連方向にも歪む。いずれからも本が転落する。書架の転倒は人命に係わる重大事に至る可能性が高いので避けたい。もともと縦横比のバランスが悪いので，「本」を含めた総重量が重いほど，また重心が高いほど，書架自体に作用する地震力が大きくなり転倒の恐れは高まる。

したがって，高書架は床固定（床面に打ち込んだアンカーボルトにＬ型金物を用いて書架支柱など構造部を緊結することで床に固定する：6-1図）および頭つなぎ（書架の支柱上部どおしをＣ型金物などで相互に固定する：6-2図）を施すこと。低書架には頭つなぎができないので床固定のみを施す。壁に沿って置く単式書架は，背面や上部で壁（間仕切り壁では下地材）に緊結する。連方向の揺れには，書架の中心部にブレース（筋交い：6-3図）を入れることで対応する。児童用閲覧室の絵本架，書架および雑誌架なども上記と同様の措置を施すことが必要である。

東日本大震災では書架本体がバラバラに壊れた例もみられたが，強固な書架固定には，書架そのものの十分な強度が前提条件である。また，書架の固定に

6-1図　床固定

（右図提供：日本ファイリング株式会社）

6-2図　頭つなぎ

6-3図　筋交い

よって，その配置替えにはアンカーボルトの打ち直しなど大規模な床の補修が必要となるため，書架レイアウトの変更は大幅に制約されることになるが，安全確保が優先されなければならない。

なお，書架の安定性は木製であれスチール製であれ差はない。木製書架の場合は，書架中央に嵌め込む「背板」にブレースの役割を期待できる。

❷棚からの本の落下　前記の書架固定は，本が載ったままでも書架転倒を起さないことを目的としている。しかし，地震時には大量の図書が落下しそのことが地震被害として報道された。東日本大震災での体験でも，本は棚から前方に勢いよく飛び出すのではなく，下方にこぼれるように落ちるので，よほど重い本を高い段に置かない限り本の落下が人に危害を与える恐れは少ないといえ

6-4図 本の落下

る。とはいえ，落下することで本が破損する，再開に時間を要するなどから落下防止装置，用品が開発されている。

①落下防止用品……棚板に敷く特殊発泡樹脂シートや棚板に貼付する落下防止テープは，摩擦により本の落下を防止する。また，スチール書架には棚板の手前側を5mm程度前上がりに傾斜させてセットできる部品が用意されている。

②落下防止装置……感震式落下防止バー装置は，揺れを感知すると自動的に棚の前にバーが上がり本の落下を防ぐ機構で，既製のほとんどの書架に取り付けることが可能である。価格から人の顔より高い棚や高価な本が並ぶ棚にのみ設置する例が多い。感震式傾斜スライド棚板装置は，震度5程度で棚板が前方にせり出すとともに奥側に傾斜して本を落下しづらい状態にする機構である。

③書架自体の機構……書架本体に免震装置を組み込んだものが開発されている。

3 その他の家具類の安全確保　独立行政法人建築研究所では，家具の奥行を高さの平方根で割った値が4より大であれば比較的安定，小であれば不安定という転倒の判断基準を公表している。自立型のサインや掲示板，ロッカーなど館内の全ての不安定な物は転倒防止措置を施す。また，事務室内に置かれるキャビネットなどのいわゆるオフィス家具類，家電製品の転倒・落下にも十分な対策が必要である。

日本図書館協会では，2011（平成23）年に施設委員会が「施設安全のためのチェックシート」[4]を公表しており，2012年5月には『みんなで考える図書館の地震対策–減災へつなぐ』[5]を刊行している。

(2) 火災

東京消防長のまとめによる（平成20年から5年間の）出火原因は「放火」「たばこ」「ガスコンロ等」「火遊び」「電気ストーブ」の順で，年平均5,375件のうちこれらが約59％を占める。このデータからは図書館の火災発生リスクは低いといえ，事実近年国内の図書館における大きな火災の報告はない。

図書館のように利用者の年齢幅が大きく，また集団ではなく個人的に利用する施設では，まず火災を出さないことにもっとも留意すべきであろう。そして次の段階として早期発見および初期消火である。火災時の安全避難の基本は，安全に区画された経路の確保であり，火災を一定の区画に閉じ込め拡大させない防火区画の確立である。防火区画とは火災の拡散を防ぐことを目的とし，耐火構造の床と壁や防火戸等の防火設備によって区画することをいう。防火区画には，建物を一定面積ごとに区画する「面積区画」と，階段やエレベータなど建物を垂直に貫く部分を他と区画する「竪穴（たてあな）区画」，そして複合施設で図書館部分を他と区画する「異種用途区画」が建築基準法で求められる。

法は，閲覧室，事務室，書庫など室用途にかかわらず床面積の合計が1,500㎡を超えない範囲で面積区画すべきと定めている。吹抜けをもつ場合には延焼の可能性のある上下の階の面積も合算される。大規模図書館の広い閲覧室や吹抜けでつながるなど壁で仕切ることができない場合には，防火シャッターや防火戸を区画材とすることが多い。これらは常時は格納されていて熱や煙を感知した際に自動的に作動するから，日常の利用には存在が意識されない。図書館

4：日本図書館協会編．第33回図書館建築研修会　東日本大震災に学ぶ．日本図書館協会，2012，103p.

5：みんなで考える図書館の地震対策編集チーム，みんなで考える図書館の地震対策：減災へつなぐ：マニュアル作成の手引き．日本図書館協会，2012，127p.

職員は有事の際に確実に閉鎖するよう点検を怠らないことと，シャッターの下や扉の前に物を置くなど閉鎖を妨げるようなことを絶対にしてはならない。また，防火区画は火災をある区画に閉じこめることを目的とするから，当該区画内にいる人を迅速に非燃焼区画に避難させなければならない。

建築基準法では火災の拡大を防ぐため，面積や階数等により内装が難燃材や不燃材であることを求めているが，使用できる材に制限があるのは壁と天井だけで，床や家具類は無関係である。

館内にある階段には，階段をコンクリートの壁等で囲んだいわゆる「階段室」型の階段と，まったく仕切りのない開放的な階段とがある。後者は，火災時には煙突のように働き煙や炎を上方に拡散させるから，避難に用いる「避難階段（一般には非常階段と呼ばれることが多い）」は前者の階段室型でなければならない。図書館には，屋外に直接出られる出入り口がある階（避難階という）までの２箇所以上の直通避難階段を設けることが義務づけられる。なお，直通階段とは避難階までひと続きの階段室である階段をいう。

火災で発生する煙は避難の妨げになるばかりでなく，消火活動の大きな妨げにもなる。そのため，建築基準法と消防法では，煙が天井を伝って拡散するのを防ぐ防煙垂れ壁（天井から50cm 程垂れ下がっているパネル状の壁）と煙を外に出すための排煙口の設置に関して規定がもうけられている。

スプリンクラーは，火災発生時に大量の散水で消火することを目的とする設備である。消防法で設置基準・設置規定が細かく定められている。基本的には，火災の熱で栓が溶けて放水を開始するスプリンクラーヘッド，配水管，管内の水圧を高めるポンプと制御装置などで構成される。火災初期における消火効果が評価され，これを設置すれば防火区画の面積を２倍（3,000㎡）とすることが建築基準法で認められている。しかし，配水管は常時高圧の水で満たされており放水開始と同時に加圧ポンプが作動するから，物がぶつかることによるスプリンクラーヘッドの破損，地震の揺れによる配管の断裂，配管のつなぎ目の歪みなどによる放水事故，漏水事故の例が多数報告されている。図書館でも新潟県十日町市の十日町情報館では，2004（平成16）年の中越地震（震度６弱）の際に館内のスプリンクラー配管からの放水事故が発生し，7,000冊の図書が廃棄されることとなった。スプリンクラーの放水は制御弁を人が閉じるまで続くから，誤作動事故等が夜間に起きるとさらに大きな被害をもたらす危険性があり，書庫にとっては望ましい設備とはいえない。

（3）水害

図書館では水は大敵である。近年では，2015（平成27）年９月の東日本豪雨による堤防の決壊に伴い，茨城県常総市立図書館が床上約40センチの浸水被害を受け，蔵書15万冊のうち３万冊強が廃棄された。内装と家具の全面更新や貴重書の修復のため，翌年10月まで休館を余儀なくされた。2005年９月には，１時間100ミリ以上の集中豪雨により，半地下の練馬区立南大泉図書館で冠水被害が発生している。図書館とくに第一線の公共図書館はバリアフリーや「気軽に入れる」ことを目的に，図書館の１階床面の高さを建物周囲の地盤とあまり大きな差のないレベルに設定することが多いため，一般に浸水に弱いといえる。その一方で，治水設備の整備により堤防の決壊等による水害が減少してきているのに対して，都市内では降った雨が下水道や河川に排水できないことによって引き起こされる，いわゆる都市型水害が頻発することが大きな問題となっており，図書館の浸水被害の増加が危惧される。

泥水の浸入は，多くの資料を損傷させ，電気系統の復旧にも日にちを要する被害を与える。水害を防ぐためには，まず敷地の特性を知る必要がある。高台であるなど水害にあいにくい敷地選びが基本である。水害が懸念される場合には，地下を設けない，１階の床を高くする，敷地の排水計画を慎重に行うなど設計上の注意が必要である。雨水の地面への浸透を妨げる舗装面の拡大の一方で，時間あたりの降水量の最高値がしばしば更新されるなどから，ハザードマップなど過去のデータが安全ラインとはいえず，さらに高い安全率が求められる。

7章　参考となる図書館建築

1．日本図書館協会建築賞受賞館

日本図書館協会では，「優れた図書館建築を顕彰し，それを広く世に知らせることによって，図書館建築の質の向上を図る」ことを目的に，1984（昭和59）年から建築賞制度を設けている。第1回の顕彰は翌85年からで2019年で第35回である。他の建築関係の賞と異なる特徴は「優れた図書館建築とは，建築の質はもとより，そこで展開されているサービスもよく行われていることが条件となります。つまり，器（建築）と中身（サービス）が調和し，いずれにおいても優れていることを意味します」と，建築とサービス実績の両面から総合的に審査選考していることにある。また，そのサービス実績を生み出すことに関係する建設計画段階における住民や図書館職員の関与度合いなど建設プロセスのあり方にも大きな比重を置いている。さらに，顕彰された図書館については毎年の『図書館雑誌』8月号で，長所・短所を含めて詳細な選定理由が公開され，新たに計画する図書館の参考になっている。

なお，選考委員会委員は毎年度ごとに日本図書館協会施設委員会から建築専門と図書館管理運営専門の委員が同数ずつと，公益社団法人日本建築家協会から推薦された建築家および日本図書館協会事務局長で構成される。

2．評価項目

本賞の評価項目は以下である。これに加え顕賞を重ねるにつれ，受賞館の水準は向上するから，これまでの受賞館との比較も勘案される。

7-1表 日本図書館協会建築賞評価項目

A 図書館建築としての全体の構成・内容
- 1）図書館システム・設置・配置・敷地計画・ネットワーク
  - 図書館システム（考え方，設置計画）での位置づけ
  - 敷地位置（奉仕対象全域からの近づきやすさ）
  - 敷地条件（敷地周辺の条件および関係，敷地規模，日照・通風等の条件）
  - 敷地計画
  - 駐輪・駐車スペースの規模・配置
- 2）資料の規模とサービスの構成
  - 蔵書規模の適切性
  - 開架資料／保存資料の量と排架のポリシー，資料へのアクセスのしやすさ
  - 資料増加に対する考え方

B 建築計画・スペース
- 1）建築の構成・ゾーニング
  - 建築の規模・構成
  - 階（主階）の構成・ゾーニング
  - 動線計画（入口からの各スペースへの利用者動線の分りやすさ）
    - 資料と読書スペースの関係
- 2）カウンター（デスク）・家具・サインの配置とデザイン
  - カウンターの数と位置
  - カウンターからの見通し
  - カウンター周りのスペースとツールの配置
    - 資料を気軽に手に取って見やすい雰囲気
    - 職員に気軽に相談できる雰囲気
  - カウンターの形状・デザイン
- 3）空間の快適性
  - スペースの環境条件（生理的快適性／光・温度・湿度・通風・換気・音）
  - 視環境（造形的な美しさ，快適さ）
  - ユニバーサルデザイン（障害者にも使いやすい施設・設備）
  - 周辺環境との関係（景観構成への寄与）
    - 落ち着いて読書・調べものができる
    - 休憩・息抜きのスペースが適切，快適
- 4）建築技術
  - 技術的合理性（構造・設備・施工技術等）
  - 拡張性・可変性（建築・家具配置・設備の可変性）
  - 省エネルギー対応
  - 事故・災害への対応，避難・誘導の容易さ
- 5）維持・管理
- 6）計画・設計のプロセス
- 7）その他の建築的配慮
  - スペース構成の新提案等

C　サービスの提供・利用
　1）サービスの展開
　　• 職員の数と配置（カウンターの種類と数，作業デスク等）
　　• 貸出サービス
　　• レファレンスサービス（検索手段の種類と量，使いやすさ）
　　• 児童サービス
　　• 司書館長の存在・司書の割合
　2）管理・運営
　　• 管理部門スペースの適切性（位置，広さ，環境条件等）
　　• サービス部門との関係（開架スペースへの排架作業の流れ）
　　• 資料の安全管理
　3）サービスの実績
　　• 来館人数・貸出冊数
　　• レファレンス件数
　　• 相互貸借件数
D　特徴となるポイント，新しい提案・試み（特記事項として記述）

（冨江伸治「日本図書館協会「図書館建築賞」の評価項目について（申合せ）」『図書館雑誌』vol.99, no.8, 2005, p.520より）

7-2表　2000年以降の日本図書館協会建築賞受賞館[1]

年	図書館名	所在地	延床面積（㎡）	蔵書規模（万冊）	開館年月	施設形態	設計組織
2000	下館市立図書館	茨城県	4,673	32	1998年5月	単独	三上建築事務所
	洲本市立図書館	兵庫県	3,191	21	1998年9月	単独	鬼頭梓建築設計事務所
	宇佐市民図書館	大分県	3,563	21	1999年2月	単独	久米設計九州支社
2001	吉田町立図書館	静岡県	2,955	13	1999年7月	単独	岡田新一設計事務所
	不知火町立図書館	熊本県	932	7	1999年7月	複合	北川原温建築都市研究所＋伊藤建築事務所
2002	石狩市民図書館	北海道	3,826	30	2000年6月	単独	環境設計
	むつ市立図書館	青森県	3,240	35	2000年4月	単独	近藤道男建築設計室
	明治大学中央図書館	東京都	7,869	43	2001年3月	単独	日建設計
2003	茨城県立図書館	茨城県	8,700	77	2001年3月	既存転用	茨城県土木部営繕課＋日建設計東京
	千葉市中央図書館	千葉県	19,636	130	2001年4月	複合	I NA 新建築研究所

1：日本図書館協会施設委員会図書館建築図集編集委員会編．日本図書館協会建築賞作品集：図書館空間の創造：1985-2006．日本図書館協会，2007，210p.

2004	国立国会図書館関西館	京都府	58,769	600	2002年10月	単独	陶器二三雄建築研究所
	広島修道大学図書館	広島県	11,771	120	2003年3月	増築＋新築	日建設計
2005	斐川町立図書館	島根県	2,958	27	2003年10月	単独	藤原建築アトリエ
2006	置戸町生涯学習情報センター	北海道	1.397	20	2005年1月	単独	三上建築事務所
2007	函館市中央図書館	北海道	7.687	63	2005年11月	単独	鬼頭梓建築設計事務所・佐田祐一建築設計研究所
2008	潮来市立図書館	茨城県	3,560	19	2006年5月	既存転用＋増築	三上建築事務所
	龍谷大学大宮図書館	京都府	6,924	65	2006年1月	保存再生	日建設計
2009	あきる野市東部図書館エル	東京都	1.375	9.5	2005年8月	単独	岡田新一設計事務所
	大手前大学さくら夙川キャンパスメディアライブラリーCELL	兵庫県	4,478	27	2007年9月	単独	日建設計
2010	新潟市立中央図書館	新潟県	9,132	80	2007年10月	単独	岡田新一設計事務所
2011	北区立中央図書館	東京都	6,165	50	2008年6月	単独	佐藤総合計画
2012	小布施町立図書館　まちとしょテラソ	長野県	999	8	2009年7月	単独	ナスカ一級建築士事務所
2013	金沢海みらい図書館	石川県	5,439	40	2011年5月	複合	シーラカンスK&H
	南相馬市立中央図書館	福島県	5,397	57	2009年12月	複合	寺田大塚小林計画同人
2014	明治大学図書館和泉図書館	東京都	8,856	60	2012年3月	単独	松田平田設計
	立教大学池袋図書館	東京都	18,591	200	2012年7月	複合	日建設計
2015	宇美町立図書館	福岡県	1,922	18	2007年7月	複合	日本設計
	東京理科大学葛飾図書館	東京都	3,358	10	2013年2月	複合	日建設計
2016	聖籠町立図書館	新潟県	2,546	20	2014年4月	単独	佐藤総合計画
2017	八千代市立中央図書館	千葉県	4,860	46	2015年3月	複合	岡田新一設計事務所
2018	市立小諸図書館	長野県	2,150	22	2015年6月	複合	石本・東浜設計共同体
	ふみの森もてぎ図書館	栃木県	994	12.5	2016年3月	複合	龍環境計画

凡例：図書館名は受賞当時のもの。延床面積は端数を省略した。蔵書規模は受賞時に公開された値。施設形態：単独＝単独施設／複合＝複合施設／既存転用＝既存他用途施設を改修／保存再生＝既存図書館を増築改修。設計組織は受賞時の名称。

参考文献

（より進んだ勉強のために）

全体

植松貞夫，木野修造．図書館建築：施設と設備．樹村房，1986，180p，（図書館学シリーズ，９）．

植松貞夫．建築から図書館をみる．勉誠出版，1999，225p，（図書館・情報メディア双書，10）．

植松貞夫，冨江伸治，柳瀬寛夫，川島宏，中井孝幸．よい図書館施設をつくる．日本図書館協会，2010，125p，（JLA 図書館実践シリーズ，13）．

植松貞夫ほか．“Ⅶ図書館施設”．図書館ハンドブック．日本図書館協会図書館ハンドブック編集委員会編．第６版補訂版，日本図書館協会，2010，p.385-429.

植松貞夫．“10図書館の施設・設備”．新・図書館学ハンドブック．岩猿敏生ほか共編．雄山閣出版，1984，p.329-352.

植松貞夫，“生涯学習時代の新しい図書館建築”．図書館特論．北嶋武彦ほか編著．東京書籍，1998，p.218-259.

栗原嘉一郎，冨江伸治．“図書館・博物館の設計”．新建築学大系30．新建築学大系編集委員会編．彰国社，1983，p.3-237.

栗原嘉一郎編著．図書館の施設と設備．東京書籍，1988，243p，（現代図書館学講座，13）．

アーロン・コーエン，エレーヌ・コーエン．図書館のデザインとスペース計画．栗原嘉一郎，植松貞夫訳．1984，293p.

シー・ハツドレイ．図書館建築．今沢慈海訳．風間書房，1914，146p.

栗原嘉一郎．欧米の図書館：建築と運営の水準を探る．丸善，1995，204p.

西川馨編．カナダの図書館：住民が運営する住民のための図書館．日本図書館協会，2000，169p.

西川馨編．オランダ・ベルギーの図書館：独自の全国ネットワーク・システムを訪ねて．教育史料出版会，2004，229p.

特集：デジタル時代の図書館建築とその施設・設備．情報の科学と技術．2013，vol.63，No.6，p.215-254.

日本建築学会編．建築設計資料集成：総合編．丸善，2001，669p.

日本建築学会編．建築設計資料集成：教育・図書．丸善，2003，189p.

日本建築学会編．コンパクト建築設計資料集成．第３版，丸善，2006，334p.

日本建築学会編．建築設計資料集成：３単位空間Ⅰ．丸善，1980，223p.

日本建築学会編．建築設計資料集成：４単位空間Ⅱ．丸善，1980，253p.

日本建築学会編．建築設計資料集成：５単位空間Ⅲ．丸善，1982，231p.

日本建築学会編．建築設計資料集成：7建築—文化．丸善，1981，214p.

1章

ポリオ・ウィトルーウィウス．ウィトルーウィウス建築書．森田慶一訳註．東海大学出版会，1979，356p.
今まど子．SCAP/CIE インフォメーション・センター：金沢．中央大学文学部紀要．2001，vol.11号，p.1-25.
今まど子．SCAP/CIE インフォメーション・センター：横浜．中央大学文学部紀要．2012，vol.22号，p.11-26.
日本図書館協会編．第28回図書館建築研修会　図書館建築を考える：既存の施設の転用事例を中心に．横浜，2006-11-20，日本図書館協会．48p.
日本図書館協会編．第30回図書館建築研修会　図書館建築・既存施設からの転用を考える："学校から図書館"にみる現状と課題．横浜，2008-11-27，日本図書館協会．62p.
科学技術・学術審議会学術分科会研究環境基盤部会学術情報基盤作業部会．"大学図書館の整備について（審議のまとめ）－変革する大学にあって求められる大学図書館像－"．国立国会図書館 Web サイト．2010-12.PDF.http://www.janul.jp/j/documents/mext/singi201012.pdf，（参照2014-01-15）．

2章

栗原嘉一郎，篠塚宏三，中村恭三．公共図書館の地域計画．日本図書館協会，1977，107p.
植松貞夫．"地域計画"．コミュニティと図書館．竹内悊編集．雄山閣出版，1995，p43-72，（講座図書館の理論と実際，8）．

3，4章

大江宏ほか．建築概論．新建築学大系編集委員会編．彰国社，1982，332p，（新建築学体系，1）．
鈴木成文，守谷秀夫，太田利彦．建築計画．実教出版，1975，330p.
植松貞夫．"図書"．建築設計資料集成：総合編．日本建築学会編．丸善，2001，p.384-391.
植松貞夫．"第2章図書"．建築設計資料集成：教育・図書．日本建築学会編．丸善，2003，p.117-177.
植松貞夫．本と人のための空間：図書館建築の新しい風．鹿島出版会，1998，165p，（SD別冊，31）．
天野克也，谷口汎邦．図書館．市谷出版社，2001，141p，（建築計画・設計シリーズ，13）．
小川俊彦．図書館を計画する．勁草書房，2010，202p，（図書館の現場，9）

西川馨．優れた図書館はこう準備する．教育史料出版会，2006，189p.
ロルフ・ミラー．公共図書館の計画とデザイン．菅原峻訳．日本図書館協会，1978，95p.

５章
日本図書館協会編．第7回図書館建築研修会　図書館の家具とサイン．東京，1984-09-28，29，日本図書館協会．108p.
図書館計画施設研究所編．公共図書館計画の手引き．改訂版，日本ファイリング社，1999，80p.
ドロシー・ポレット，ピーター・C.ハスキル編．図書館のサイン計画：理論と実際．木原祐輔，大橋紀子訳．木原正三堂，1981，243p.

６章
田村恭ほか．維持管理．彰国社，1983，271p，(新建築学体系，49).
FM推進連絡協議会編．総解説ファシリティマネジメント．日本経済新聞出版社，2003，513p.
植松貞夫．“建築と施設管理”．図書館情報学ハンドブック．図書館情報学ハンドブック編集委員会編．第２版，丸善，1999，p.779-786.
西川馨監修，神谷優著．図書館が危ない：地震災害編．エルアイユー，2005，111p.
『みんなで考える図書館の地震対策』編集チーム編．みんなで考える図書館の地震対策：減災へつなぐ：マニュアル作成の手引き．日本図書館協会，2012，127p.
日本図書館協会編．第33回図書館建築研修会　東日本大震災に学ぶ．奈良，2012-01-19，日本図書館協会．103p.
特集：図書館のリニューアル．情報の科学と技術．2005，vol.55，no.11，p.467-511.

７章
栗原嘉一郎．日本図書館協会建築賞について．現代の図書館．1989，vol.97，no.3，p.167-173.
冨江伸治．日本図書館協会建築賞の選考のための評価項目について．図書館雑誌．2005，vol.99，no.8，p.519.

事例集
図書館計画施設研究所編著．図書館建築22選．東海大学出版会，1995，165p.
建築思潮研究所編．図書館．建築資料研究社，1984，208p，(建築設計資料，７).
建築思潮研究所編．図書館２：マルチメディア時代の読書空間．建築資料研究社，1993，208p，(建築設計資料，43).
建築思潮研究所編．図書館３：最大の可能性をすべての利用者に．建築資料研究社，2004，208p，(建築設計資料，97).

図書館計画施設研究所編．白夜の国の図書館．図書館流通センター，1994，288p，（LPDシリーズ，６）．
図書館計画施設研究所編．白夜の国の図書館 Part2．リブリオ出版，1996，205p，（LPDシリーズ，７）．
図書館計画施設研究所編．白夜の国の図書館 Part3．リブリオ出版，1998，207p，（LPDシリーズ，８）．
特集：図書館の計画と設計2008．近代建築．2008，vol.62，no.4，p.77-150.
特集：図書館の計画と設計2009．近代建築．2009，vol.63，no.4，p.45-80.
特集：図書館建築．建築画報141．1980年２月号，vol.16，p.24-147.
特集：公共図書館建築―サービスと建築の明日を考える．建築画報269．1998年４月号，vol.34，p.2-127.
特集：図書館―公共図書館の計画・設計の要点と実例．建築知識．1973，vol.15，no.10，p.23-135.
特集：建築計画再点検／公共図書館．建築知識．1980，vol.22，no.261，p.29-101.
鬼頭梓監修．現代建築集成／図書館．メイセイ出版．1995，224p.
特集：ライブラリー．Detail Japan．2005年８月号，p.10-92.
二川幸夫企画・編集．Library．エーディーエー・エディタ・トーキョー，2006，319p，（GA 現代建築シリーズ，３）．
Academy Editions ed. LIBRARY BUILDERS. Academy Editions, 1997, 224p.
Lee, Katy. Libraries. Design Media Publishing LTD, 2011, 271p.

法令集

本文中で参照したすべての法律全文は，「電子政府の総合窓口 イーガブ」の法令検索より閲覧できる（http://law.e-gov.go.jp/cgi-bin/idxsearch.cgi）。

さくいん

ま・や・ら行

欧文

[シリーズ監修者]

高山正也(たかやままさや) 前国立公文書館館長
慶應義塾大学名誉教授

植松貞夫(うえまつさだお) 前跡見学園女子大学文学部教授
筑波大学名誉教授

[執筆者]

植松貞夫（うえまつ・さだお）

1974 東京大学大学院工学系研究科建築学専攻修士課程修了
図書館情報大学図書館情報学部助手，助教授，教授，
副学長・附属図書館長

2002 （大学統合により）筑波大学教授，図書館情報専門学
群長，附属図書館長，大学院図書館情報メディア研究
科長，図書館情報メディア系長を経て

現在 筑波大学名誉教授
工学博士（1987年，東京大学）

主著 『よい図書館施設をつくる』（共著）日本図書館協会，
『図書館ハンドブック第6版』（共著）日本図書館協会，
『改訂図書館概論』（共著）樹村房，『建築設計資料集
成（教育・図書）』（共著）丸善，『建築から図書館を
みる』（単著）勉誠出版，ほか

現代図書館情報学シリーズ…12

図書館施設論

2014年3月10日　初版第1刷発行
2019年3月28日　初版第2刷

〈検印省略〉

著　者© 植 松 貞 夫
発行者　大 塚 栄 一
発行所　株式会社 樹村房
JUSONBO

〒112-0002
東京都文京区小石川5-11-7
電　話　03-3868-7321
ＦＡＸ　03-6801-5202
振　替　00190-3-93169
http://www.jusonbo.co.jp/

印刷　亜細亜印刷株式会社
製本　有限会社愛千製本所

ISBN978-4-88367-212-7　乱丁・落丁本は小社にてお取り替えいたします。